Wilhelm von Christ

Beiträge zum Dialekte Pindars

Vortrag

Wilhelm von Christ

Beiträge zum Dialekte Pindars
Vortrag

ISBN/EAN: 9783744639095

Hergestellt in Europa, USA, Kanada, Australien, Japan

Cover: Foto ©ninafisch / pixelio.de

Weitere Bücher finden Sie auf **www.hansebooks.com**

Philosophisch-philologische Classe.

Sitzung vom 7. Februar 1891.

Herr v. Christ hielt einen Vortrag:

„Beiträge zum Dialekte Pindars.“

Ueber den Dialekt und die Sprache Pindars ist schon
so viel geschrieben worden, dass Eulen nach Athen zu tragen
scheint, wer nochmals den Gegenstand zu behandeln versucht.
Dass aber trotzdem hier noch neue, überraschende Ent-
deckungen zu machen sind, werden hoffentlich die folgenden
Zeilen zeigen. Dass eine solche Nachlese überhaupt möglich
war, wird in erster Linie der ausnehmenden Sorgfalt verdankt, mit der Tycho Mommsen den handschriftlichen
Apparat zu den Siegesliedern Pindars zusammengetragen hat.
Dadurch dass er nichts, auch nicht das scheinbar Gleich-
giltige ausser acht liess,[1]) hat er uns die Möglichkeit geboten
noch manches Goldkorn aus dem Variantenwust der Handschriften herauszufinden. Freilich war es zu diesem Zweck
des weiteren notwendig, den Wert der Handschriften und

1) Nur in einem Punkt wäre eine noch grössere Sorgfalt er-
wünscht gewesen, in den Angaben über das iota subscr., ob und in
welchen Handschriften dasselbe steht oder ausgelassen ist. Er-
wünschte Ergänzung fand ich für den Vat. B durch die Güte meines
jungen Freundes Dr. Rück, der an einzelnen Stellen den Codex
nochmals einzusehen die Güte hatte.

Handschriftenklassen noch genauer als es Mommsen that zu sondern und abzuwägen. Ohne meine Schätzung hier zu begründen, will ich nur zum Verständnis der nachfolgenden Angaben in Kürze vorausschicken, dass nach dem Ergebnis meiner Forschungen für die Konstitution des Pindartextes nur die Codd. A B C D und höchstens noch E in Betracht kommen, so dass, da A mit O. XII, C mit P. V 67 endigt, für die Textesgestaltung des letzten Teiles der pindarischen Siegeslieder nur B und D von Bedeutung sind.

Ein zweites Mittel zur Auffindung neuer Körner auf einem vieldurchsuchten Felde bot die erweiterte und vertiefte Kenntnis der Dialektinschriften. Seit Böckh hat der Boden Böotiens viele neue Inschriften im Dialekte des Landes erschlossen, und durch die Sammlung der griechischen Dialektinschriften von Collitz und die übersichtliche Darstellung, welche Meister im ersten Bande seiner griechischen Dialekte von der böotischen Mundart gegeben hat, ist es dem heutigen Forscher ungleich leichter als den früheren gemacht, die Thatsachen zu überblicken und das Verhältnis der handschriftlichen Varianten zu den Zeugnissen der Inschriften festzustellen. Ein ganz besonderer Gewinn aber für unsere Forschung erwuchs uns daraus, dass wir über die Ueberlieferung unserer Handschriften und über den Zustand, in dem die alexandrinischen Grammatiker unseren Pindartext lasen, hinaus zu dessen ursprünglicher Gestalt, wie er aus der Hand des Dichters hervorging, vorzudringen versuchten. Dadurch dass wir die alte, vorionische Schrift heranzogen, gelang es uns dem Pindar Kasusformen zu vindicieren, von denen man, so lange man sich nur an die Handschriften hielt, keine Ahnung haben konnte.

Neue Formen des pindarischen Dialektes.

I. I 26

οὐ γὰρ ἦν πεντάεθλιον, ἀλλ' ἐφ' ἑκάστῳ ἔργματι κεῖτο τέλος.

Als Varianten zu ἦν finden wir in den beiden allein
massgebenden Handschriften angemerkt: ἦε B ἦς D. Die
erstere Lesart wird durch das Metrum ausgeschlossen, erklärt
sich aber einfach, wenn man in dem beiden Codices zu-
grunde liegenden Archetypus HC geschrieben denkt; denn
dieses konnte leicht für HE verlesen werden und die Variante
ἦε neben ἦς erzeugen; ἦς aber und nicht ἦν lautete die
3. Pers. sing. imp. von εἰμί bei den Doriern, Aeoliern, Ar-
kadiern und Kypriern, und so schrieben von den Dichtern
noch Alkman[1]) und die Syrakusaner Epicharmos und Theokrit,
letzterer in dorischen und äolischen Gedichten (7, 1 und 30, 16).
Belege dafür aus Inschriften und Grammatikerzeugnissen
bieten in Hülle und Fülle Ahrens, De gr. ling. dialectis
II 326 und Meister, Die gr. Dialekte I 171. 277, II 112.
275. Es unterliegt also keinem Zweifel, dass uns an unserer
Stelle die Hand Pindars selbst erhalten ist; fraglich kann
nur sein, ob auch an den anderen Stellen entgegen der handschriftlichen Ueberlieferung ἦν in ἦς zu ändern ist, oder ob
unsere Ode eine gesonderte Stelle für sich einnimmt. Entscheiden möchte ich mich für keine der beiden Alternativen,
aber zu beachten ist doch, dass die erste isthmische Ode an
einen Thebaner, also einen äolischen Landsmann, gerichtet
ist, und dass sich in derselben allein auch eine andere speciell
äolische Form findet, nämlich der Acc. pl. auf αις und οις
in V. 24 f., auf den wir unten nochmals zurückkommen

_____

1) ἦς für ἦν notiert aus Alkman Eustathios zur Od. p. 1892, 44;
es steht in dem Fragment 25 οὐκ ἦς ἀνὴρ ἄγροικος, wo Bergk sich
nicht hätte verleiten lassen sollen der Variante εἰς den Vorzug zu
geben.

werden. Was aber die etymologische Begründung der äolisch-
dorischen Form ἧς anbelangt, so gehen die Doppelformen
ἧς und ἡ (ἦν), hom. ἧε (ἧεν), auf den Unterschied der Kon-
jugation mit und ohne Bindevokal (thematischer Vokal nach
der Terminologie der Neueren) zurück. Denn ἧς ist aus
vollständigem ἦσ-τ verstümmelt, und ἧε (kontrahiert ἦ) ist
aus altem ἦσ-ε-τ entstanden, indem nach bekanntem Laut-
gesetz σ zwischen zwei Vokalen sich verflüchtete.

P. I 49

> ἔννεπε κρυφᾷ τις αὐτίκα φθονερῶν γειτόνων,
> ὕδατος ὅτι τε πυρὶ ζέοισαν εἰς ἀκμάν
> μαχαίρᾳ τάμον κατὰ μέλη
> τραπέζαισί τ' ἀμφὶ δεύτατα κρεῶν
> σέθεν διεδάσαντο καὶ φάγον.

Das τε des zweiten Verses ist einstimmig von allen
Handschriften überliefert, aber mit Recht bemerkt eine Glosse
von F τὸ τε περισσόν. Was bedeutete es auch die zwei
Glieder, die zusammen eine Handlung ausmachen, durch die
Partikeln τε-τε auseinander zu halten? Es verdienen daher
ganz unseren Beifall Bergk und Hartung, wenn sie statt der
überflüssigen Konjunktion τε das Pronomen der 2. Person
zum Verbum τάμον vermissten. Aber nicht mehr wage ich
ihrer Aenderung des überlieferten τε in σε zuzustimmen;
vielmehr erblicke ich in τε eine vereinzelte Spur des alten
pindarischen Dialektes. Dass das τ statt σ in dem Pronomen
der zweiten Person, dessen Wurzel indogermanisch tve lautete,
sprachlich gerechtfertigt sei, bedarf keiner weiteren Begründung; das t, das sich im Sanskrit, im Lateinischen und
Deutschen erhalten hat, ist erst auf dem Boden des Griechischen unter dem assibilierenden Einfluss des nachfolgenden
v allmählich zu s geworden. In dem Accusativ, wo die
Konkurrenz der Partikel τε am meisten den Uebergang in
die Sibilans begünstigte, hat sich allerdings die Tenuis t am

wenigsten erhalten; dass sie aber auch hier nicht gänzlich
verschwunden ist, zeigen ausser der Stelle in Theokrit 1, 5
die zwei durch den Grammatiker Apollonios De pron. p. 366c
bezeugten Verse Alkmans fr. 52 und 53:

$$πρός \ τε \ τῶν \ φίλων.$$
$$τεῖ \ γὰρ \ Ἀλέξανδρος \ δάμασεν.$$

Wir sind also nicht berechtigt dem Pindar die Form
$τε = σε$, wenn sie handschriftlich überliefert ist, abzusprechen.
Freilich dieselbe auch an den anderen Stellen entgegen der
handschriftlichen Ueberlieferung in den Text zu setzen
möchte ich deshalb noch nicht wagen, am wenigsten in den
Gedichten, welche nach der 1. olympischen Ode oder nach
Ol. 77, 1 fallen. Denn, wie schon angedeutet, mochte
gerade in diesem Kasus das Bestreben die Partikel $τε$ von
dem Pronomen $σε$ auch durch die Aussprache und die Schrift
zu unterscheiden, der assibilierten Form am frühesten Eingang verschaffen. Weit grössere Wahrscheinlichkeit hat es,
dass Pindar im Nominativ durchweg $τυ$ gebraucht hat, und
dass angesichts der 7 Stellen (O. I 87, P. II 57, VIII 6.
8. 61, N. VI 41. I. VII 31),[1]) in denen die Form handschriftlich gesichert ist, auch an den 3 Stellen O. X 3, P. V 6,
VI 19 das überlieferte σύ in τύ zu bessern ist. Nicht mit
gleicher Zuversicht wagte ich an den vielen Stellen, an denen
die Handschriften den Dativ σοι bieten, das überlieferte σοι
in τοι zu ändern; insbesondere mochte in P. IV 270 *Παιάν*
τί σοι τιμᾷ φάος die Rücksicht auf den Wohllaut den
Dichter zur Wahl von σοι bestimmen, wiewohl er allerdings
O. I 19 *τύ τί τοι Πίσας* die Aufeinanderfolge zweier an-
lautender τ nicht vermied.

Es verlohnt sich aber bei dieser Gelegenheit auch noch
die Frage aufzuwerfen, ob sich nicht auch noch bei Homer

---

1) Ich citiere die Siegeslieder nach meiner in der Bibl. Teubn.
erschienenen Ausgabe, die Fragmente hingegen nach Bergk PLG⁴.

ein τε = σε nachweisen lasse. In der Ilias *A* 363 νῦν αὖτε
σ' ἐρύσατο Φοῖβος Ἀπόλλων hat nämlich mit Recht die
Vernachlässigung des Digamma von ἐρύσατο Anstoss erregt:
Fick vermutet deshalb νῦν αὖ σε ϝερύσατο, leichter erklärt
sich das Verderbnis, wenn Homer νῦν αὖ τε ϝερύσαιο gesprochen hat.

Nicht auf Pindar selbst, wohl aber auf einen böotischen
Schreiber führe ich die aus der Variante πρῶτος in N. III 6
διψῇ δὲ πρᾶγος (πρῶτος D) ἄλλο μὲν ἄλλου zu erschliessende
Dialektform πρᾶτος = πρῶτος zurück. Es schliesst nämlich
der Sinn, wie jedermann sieht, die Lesung πρῶτος unbedingt
aus, aber der Ursprung der Variante erklärt sich nur, wenn
wir annehmen, dass ein böotischer Schreiber, dem die Dialektform πρᾶτος geläufig war, ΠΡΑΤΟΣ für ΠΡΑΓΟΣ schrieb
oder verlas,[1] und dass dann hintendrein ein attischer oder
hellenistischer Abschreiber das böotische πρᾶτος durch das
gewöhnliche πρῶτος ersetzte.

Spuren des Digamma bei Pindar.

Bezüglich des Digamma bei Pindar sind zwei Fragen
wohl zu unterscheiden, erstens ob der Dichter das Digamma
überhaupt noch sprach und demselben eine bestimmte
Geltung im Bau der Verse anwies, und zweitens ob er
dasselbe auch in den von seiner Hand herrührenden Exemplaren schrieb, so dass das völlige Verschwinden desselben
auf den Einfluss des attischen Buchhandels zurückzuführen
wäre. Von diesen zwei Fragen berührt uns in dieser Abhandlung zunächst nur die zweite; aber die erste bildet die
Grundlage der zweiten, und ich bin daher auch auf sie hier

---

1) Ueber das böotische πρᾶτος selbst siehe **Meister**, Griech.
Dial. 1 276. Auch bei Theokrit 29, 18 haben in einem äolischen
Gedicht die meisten Handschriften πρᾶτον statt πρῶτον; in dorischen
steht ohnehin regelmässig πρᾶτος, ebenso wie bei Kallimachos.

einzugehen genötigt gewesen, obwohl dieselbe bereits von
Hartel im 3. Hefte seiner Homerischen Studien in den
Hauptlinien, und bis ins einzelnste Detail von Aug. Heimer,
Studia Pindarica, in Acta universitatis Lundensis XX (1885)
p. 1—89 behandelt worden ist. Die Frage, ob Pindar das
Digamma gesprochen habe, muss natürlich lediglich nach
inneren. metrischen Kriterien entschieden werden, vornehmlich
danach. ob Pindar, der im übrigen nach den Regeln der
alten Kunst die Aufeinanderfolge eines auslautenden und
anlautenden Vokals strenge vermied, jene Aufeinanderfolge
vor gewissen ehemals mit Digamma anlautenden Wörtern
zugelassen hat. Die Untersuchung zeigt, dass dieses der
Fall ist. zugleich aber auch, dass hier zwei Arten von
Wörtern zu unterscheiden sind, erstens solche, deren Digamma
fest haftete. so dass dasselbe an jeder Stelle und in jeder
Beziehung Geltung hatte, zweitens solche, deren Digamma
in Folge geringerer Lebensfähigkeit nur hier und da noch
die Kraft hatte einen Hiatus zu entschuldigen.

Zur ersten Klasse zählen die Formen des Pronomens der
3. Pers.. das bekanntlich ursprünglich nicht mit einem einfachen v. sondern mit dem Doppelkonsonanten sv anlautete.
Am klarsten tritt uns die Kraft des Digamma bei dem allerdings auch am häufigsten gebrauchten Dativ οἷ entgegen: vor
demselben finden sich, wenn wir uns auf die vollständig erhal-
tenen Siegesgesänge beschränken und die Fragmente bei Seite
lassen, 49 Mal ein scheinbarer Hiatus, nämlich O. I 23. 67,
VI 20. 65. VII 89. 91, IX 15. 67, X 87, XIII 28. 37. 65.
71. 76. 91. XIV 22, P. I 7, II 42, III 63, IV 23. 37. 48.
73. 189. 197. 243. 264. 287, V 117, IX 36. 56. 109. 120,
N. I 14. 16. 58. 61, III 39. 57, V 34, VI 26, VII 40, X 15
(korrupt) 29. 31 (Konjektur), I. V 62, VI 12. 49, VIII 57;
ferner steht vor demselben οἱ, nicht wie vor Vokalen οἷζ
P. II 83, und fehlt vor demselben in unseren massgebenden
Handschriften A B C D durchweg mit einer einzigen Aus-

nahme das *ϝ ἐφελκ*, nämlich O. II 46, P. IX 84, N. IV 59,
VII 22, X 79 (*ἤλυθέν οἱ* B), I. III 82; endlich steht die
einzige übrig bleibende Stelle P. I 58 *ἄιαν ὑπέροπλον ἄν
ϝοι πατήρ* der Geltung des Digamma nicht im Wege, da
die vorausgehende Sylbe *ἄν* lang ist und lang bleibt. Ob
aber auch noch Positionskraft dem Digamma des Pronomens
innegewohnt habe, ist sehr zweifelhaft. Die 2 Stellen, welche
Heimer, Stud. Pind. p. 50 selber zweifelnd dafür anführt,
O. II 42 (46) und N. X 15 sind ganz unsicher; an der ersten
begünstigt das Metrum die Lesart der jüngeren Handschrift
ἔπεφνέ οἱ statt *πέφνεν ϝοι*, an der zweiten ist *Τιλεβόαν
ἔναρεν ϝοῖ δ' (ἔναρε τί οἱ* codd.) *ὄψιν ἐειδόμενος* blosse Konjektur.

Auch der Akkusativ *ϝέ* behauptet an den 2 Stellen,
wo er allein vorkommt, O. IX 14, N. VII 25 (korrupt), sein
Digamma. Nur das vom Genetiv abgeleitete Relativpronomen
ϝός zeigt eine Schwächung des Anlautes. Dasselbe kommt
3 Mal vor, zwei Mal P. VI 36 und I. III 54 nach einem
Vokal, ohne dass derselbe Elision oder Kürzung erleidet; an
der dritten Stelle aber O. 8 *νικόσαις ἀνέθηκε καὶ ὂν πατέρα*
wird vor demselben der vorausgehende Diphthong gekürzt,
ist also jede Wirkung des anlautenden Digamma ge-
schwunden. Dabei verdient Beachtung, dass auch bei Homer,
wie ich in den Prolegomena meiner Iliasausgabe p. 155
nachgewiesen habe, das Digamma des Possessivums *ϝός*
weniger fest als das der Kasus des Personalpronomens *ϝοῖ
ϝοῖ ϝέ* haftete, wohl in Folge der Verwechselung des rela-
tiven und possessiven Pronomens. [1]

Ob noch ein anderes Wort so konstant sein Digamma
wie das genannte Pronomen der 3. Pers. bewahrte, möchte
ich bezweifeln; es ist nämlich zwar auch bei *ϝείκοσι, ϝέτος*,

---

1) Dass ausser *ϝός* auch *ϝϝός* von Pindar geschrieben wurde,
werde ich unten aus N. III 15 glaublich machen.

ϝίδιος die Kraft des anlautenden Digamma nirgends verletzt, aber diese Wörter kommen so selten vor, dass sich aus den wenigen Stellen kein sicherer Schluss ziehen lässt. Sicher ist bei den meisten übrigen hier in Betracht kommenden Wörtern das Digamma nur noch teilweise in Kraft gewesen, indem durch dasselbe wohl der Anstoss des Hiatus gehoben, aber weder die Elision verhindert noch Positionsverlängerung bewirkt wurde. Nach der von Heimer, Stud. Pind. p. 81 aufgestellten Tafel zeigt im allgemeinen bei Pindar das Digamma seine Kraft an 138 Stellen, kommt nicht zur Geltung an 248, wird geradezu vernachlässigt an 232. Zur Klarstellung dieses Verhältnisses möge das oft vorkommende Wort ἔργον dienen. Vor demselben findet sich 7 Mal ein Hiatus, O. XIII 38 (τρία ἔργα), P. II, 17, IV 104. VII 19. N. III 44. VII 52, X 64; 6 Mal wird vor demselben ein Vokal elidiert. O. VI 3 (ἀρχομένου δ' ἔργου), P. IV 229. 233. V 119, I. III 7. VI 22; 15 Mal übt es keine Positionskraft, O. II 19 (θέμεν ἔργων), V 15, VIII 19, IX 85, X 63. XIII 17. P. III 30, VI 41. VIII 80. N. VI 35, VIII 4. 49. X 30. I. I 26, II 24: 18 Mal steht es an indifferenten Stellen, das ist entweder im Versanfang, O. II 108, VII 52. 54. 81, VIII 63. 85, IX 66, X 23, XIV 10, N. XI 45, I. VI 67, VIII 54, oder nach einer langen, konsonantisch auslautenden Sylbe, P. IX 92 (ὀμαχανίαν ἔργῳ), N. V 40. VII 14, X 3, I. III 41, V 23. Also nur an der Minderzahl der Stellen äussert das Digamma von ἔργον noch eine Wirkung, und an diesen selbst nur insofern, als es den Anstoss des Hiatus hebt; an der Mehrzahl der Stellen ist es für die Prosodie und das Metrum gerade so bedeutungslos wie das h oder der spiritus asper. Aehnliches gilt von allen andern, hier in Betracht kommenden Wörtern, so dass es kaum statthaft ist in N. XI 1 λέλογχας Ἑστία die wünschenswerte Länge der Schlusssylbe von λέλογχας durch das Digamma von Ἑστία = lat. Vesta herbeizuführen. Die Wörter nun, in denen das Digamma noch diese geminderte, zur Entschuldigung des Hiatus dienende Bedeutung hat, sind folgende:

ἄναξ P. IV 89, IX 44, XI 62, XII 3.

ἀνάσσω O. XIII 24; dagegen P I 39 *Δάλοι· ἀνάσσων* statt *Δάλου ϝαν.*

ὀνδάνειν P I 29, VI 51, I. III 33, VIII 18.

ἀχώ O. XIV 21 an einer korrupten Stelle.

ἔϑνεα I. VI 31, worüber unten.[1]

εἴδομαι P. IV 21.

εἶδος O. VIII 19, dazu ἰδεῖν O. IX 62, XIV 16, P V 84.

εἰδώς O. II 94, dazu ἴδρις O. I 103.

εἴκοσι N. VI 66.

εἰπεῖν O. VIII 46, XIII 71, N. V 14, VI 30, I. III 59. VI 55; vgl. ἔπος.

?ἕκαστος O. XIII 47.[2]

ἕκατι O. XIV 20, I. V 2.[3]

ἐλπίς O. XIII 83, P. II 49, I. II 43.

ἐοικώς P. III 59.

ἔπος O. VI 16, P. II 16, N. VII 48; vgl. εἰπεῖν.

ἔργον O. XIII 38, P. II 17, IV 104, VII 19, N. III 44. VII 52, X 64.

?ἐρέω P. IV 142.[4]

ἔρξας O. X 91.

ἑσπέρας I. VIII 44.

ἕννυμι in ἐπιεσσόμενος N. XI 16.

—

1) Heimer, Stud. Pind. p. 67 will auch N. XI 42 οὕτω ϝέϑνος für das überlieferte οὕτω ὄϑνος lesen.

2) Die Lesart schwankt zwischen ἔσεται δὲ ἑκάστῳ und ἔσεται δ' ἐν ἑκάστῳ.

3) Die Lesart schwankt zwischen σέο ἕκατι und σέο γ' ἕκατι.

4) Die Stelle P. IV 142 εἰδότι τοι ϝερέω ist nicht voll beweiskräftig, da hier der Hiatus in der Basis des Daktylus auch ohne Annahme eines Digamma gerechtfertigt ist. Ebenso haben nur halbe Beweiskraft die Stellen für ᾿λίλαος.

ἔτος O. II 102.

ἦθος O. XI 21.

Ἰάλυσος O. VII 74; über Ἰάσων s. unten zu N. III 54.

Ἰδαῖος O. V 18.[1])

ἰδεῖν O. IX 62, XIV 16, P. V 84; dazu εἶδος und εἴδομαι.

ἴδιος O. XIII 49.

ἴδρις O. I 103: dazu εἰδώς.

Ἰλιάδας O. IX 112.[2])

Ἰόλαος O. IX 98, P. IX 79, XI 60, I. 1 16.

ἰύπλοκος O. VI 30, I. VII 23.

ἴσαντι P. III 29; vgl. εἰδώς und ἴδρις.

Ἰσθμός I. I 9. 32, VI 5, fr. 122, 10.

ἴσος N. VII 5, X 86, XI 41, I. VI 32.

?Ἰωλκός P. IV 188,[3]) N. III 34.

οἶκος P. VII 5. VIII 51, X. VI 28.

? ὀργά nach der unsicheren Lesung Mommsens N. V 32.[4])

? Ὠανός O. VI 1, ohne dass wir von dem Anlaut dieses Wortes etwas wüssten.

Eine Zusammenstellung der Wörter und Stellen, in denen der Hiatus durch die nachwirkende Kraft des Digamma entschuldigt wird, hat bereits Böckh in der grossen

---

1) Heimer, Stud. Pind. p. 69 verteidigt unglücklich die Elision ὄποτ' Ἰδαῖον, indem er die 1. Sylbe von Ἰδαῖος lang, wie gewöhnlich, sein lässt.

2 Pindar folgte hierin dem Hesiod und Stesichoros nach Schol. ad Hom. O. 333.

3) Das Digamma dieser Stelle kann angezweifelt werden, da für ἐς δ' Ἰωλκόν schon Er. Schmid mit leichter Aenderung ἐς δ' Ἰαωλκόν geschrieben hat.

1) Statt des überlieferten und von Mommsen gebilligten τοῦ δ' ὀργάν ist wohl mit Hermann τοῖο δ' ὀργάν herzustellen, da sich von ὀργά weder ein Digamma etymologisch rechtfertigen, noch eine Spur desselben sonstwie, sei es in Texten, sei es in Inschriften, nachweisen lässt

3*

Pindarausgabe I 309 ff. gegeben. Das vorstehende Verzeichnis ist reicher, sowohl was die Stellen als was die Wörter betrifft. So fehlt bei Böckh ἴδιος, indem derselbe O. XIII 49 statt des überlieferten ἐγὼ δὲ ἴδιος nach Heyne's Vorschlag ἐγὼ γὰρ ἴδιος schrieb; heutzutage, wo uns mehrere Dutzende böotischer Weihinschriften mit ϝίδιος vorliegen,[1] würde gewiss auch der grosse Pindarforscher nicht mehr an obiger Stelle die Ueberlieferung zu Gunsten einer nichtigen Konjektur ändern.

Das zweite, was in Frage kommt, ist, ob Pindar auch noch das Digamma in seinem Text geschrieben hat. Unsere Pindarhandschriften weisen bekanntlich kein Digamma auf, auch besagt uns kein Grammatikerzeugnis etwas von einem pindarischen Digamma, während, wie bekannt, die Ueberlieferung vom äolischen Buchstaben Vau in erster Linie auf die Texte der lesbischen Dichter zurückgeht und auch von der Rivalin Pindars, von Korinna, der Gebrauch des Digamma durch Apollonios, De pron. p. 396 B bezeugt ist. Es kann sich also hier nur darum handeln, ob Stellen vorhanden sind, in denen die Textesverderbnis auf ein ehemals geschriebenes, von den Abschreibern aber missverstandenes ϝ zurückzuführen ist. Solche gibt es aber in der That, wie bereits Böckh und Bergk PLG.[4] prol. p. 32 f. bemerkt haben. Es sind folgende:

O. IV 9 δέκευ Χαρίτων ϝέκατι τόνδε κῶμον| χαρίτων γ' ἕκ. A, χαρίτων ϑ' ἕκ. B C D. Von den eingeschobenen Partikeln γ' und ϑ' ist die eine so nichtig wie die andere; zutreffend bemerkt das alte Scholion ὁ δὲ τὲ σύνδεσμος περιττός. Γ und Τ, wofür erst die Abschreiber wegen des spir. asp. von ϝκατι die Aspirata Θ setzten, sind aus altem ϝ entstanden.

1) S. Collitz, Sammlung der griech. Dialektinschriften n. 384, 385, 391, 392, 397, 398, 399, 400 etc.

I. V 2 μᾶτερ Ἀελίου πολυώνυμε Θεία, σέο ϝέκατι καὶ μεγασθενῆ νόμισαν χρυσόν] σέο γ᾽ ἕκατι B D; das nichtssagende γε, welches die Scholien in ihren Erklärungen nicht kennen, wenigstens nicht zum Ausdruck bringen, haben mit Recht Heimer. Stud. Pind. p. 17 und Bergk getilgt.

N. III 54 Χείρων τράφε λιθίνῳ Ἰάσον᾽ ἔνδον τέγει καὶ ἔπειτεν Ἀσκλαπιόν.] Zwischen λιθίνῳ und Ἰάσονα schiebt die Haupthandschrift B ein ganz unnützes γ᾽ ein, was dann die Aldina und spätere Ausgaben in τ᾽ besserten. Wahrscheinlich ist auch hier das Γ aus Ϝ entstanden, wiewohl sich sonst keine Spur eines Digamma von Ἰάσων nachweisen lässt.

I. VI 74 πίσω σφε Δίρκας ἁγνὸν ὕδωρ.] Statt σφε haben Et. M. 673, 22 und Cram. An. Par. III 15 γε, wozu Bergk die scharfsinnige Vermutung macht: alii ἑ (ϝε) legebant.

O. X 87 ἀλλ᾽ ὥτε παῖς ἐξ ἀλόχου πατρὶ , ποθεινὸς ἵκοντι νεότατος τὸ πάλιν ἤδη, μάλα δέ τοι θερμαίνει φιλότατι νόον.] Das handschriftliche δέ τοι ist nicht sinnlos noch verstösst es gegen den Sprachgebrauch, aber ungleich passender und gemütsinniger ist doch δέ ϝοι, was Böckh durch Konjektur gefunden hat. Auf οἱ führt auch die Paraphrase des alten Scholion πάνυ γὰρ τοῦ ἑαυτοῦ πατρὸς τὸν νοῦν ἐκπυροῖ πρὸς τὸν πόθον κεχαρισμένως φαινόμενος.

P. VII 5 τίνα πάτραν, τίνα τ᾽ οἶκον αἰὼν᾽ ὀνυμάξομαι ἐπιφανέστερον Ἑλλάδι πυθέσθαι.] Zur Lebhaftigkeit der Figur der Anaphora passt schlecht das lahme τ᾽, was daher auch die Byzantiner beanstandeten und in γ᾽ korrigierten. Da aber überdies das ι᾽ in einer Quelle, in cod. D, ganz fehlt, so hat mit feinem Geschmack Böckh τίνα οἶκον geschrieben, indem er annahm, dass T aus Ϝ entstanden sei.

N. III 15 ὧν παλαίφατον ἀγορὰν οὐκ ἐλεγχέεσσιν Ἀριστοκλείδας τεὰν ἐμίανε κατ᾽ αἶσαν.] Das unsinnige τεὰν der Handschriften, das merkwürdiger Weise in T. Mommsen und

Aug. Heimer, Stud. Pind. p. 51 Verteidiger gefunden hat,
ist von Pauw mit richtigem Scharfblick in ἐὰν gebessert
worden; wahrscheinlich steckt aber, wie Bergk erkannte, in
der Lesart *TEAN* das ursprüngliche *FEAN*, indem auch
bei Homer nicht bloss das Pron. poss. ὅς, sondern auch die
aus dem Genetiv ϝέο abzuleitende Form ἑός ein Digamma hat.

I. VI 42 αὔδασε τοιοῦτόν τι ἔπος· εἴ ποι' ἐμᾶν, ὦ
Ζεῦ πάτερ, θυμῷ θέλων ἀρᾶν ὄκουσας.] Das τι vor ἔπος geht
nicht in den Vers, weshalb es Heyne und die ihm folgten
herauswarfen, andere weniger passend in γ' änderten. Bergk
vervollständigte die Emendation Heyne's, indem er τοιοῦτον
ϝέπος schrieb; FEΠΟΣ ging zuerst in TEΠΟΣ über und
ward dann nachträglich von den Abschreibern unter An-
lehnung an O. VI 16 εἶπεν ἐν Θήβαισι τοιοῦτόν τι ἔπος
in τι ἔπος geändert.

I. VI 31 πέφνεν δὲ σὺν κείνῳ Μερόπων τ' ἔθνεα καὶ
τὸν βουβόταν οὔρει ἴσον Φλέγραισιν εὐρὼν Ἀλκυονῆ σφετέρας
οὐ φείσατο χερσὶν βαρυφθόγγου νευρᾶς.] Die lästige Aus-
einanderhaltung der beiden Satzglieder durch τε-καί hat
glücklich Böckh durch Streichung von τ' aufgehoben;
TEΘΝΕΑ verdankt auch hier dem FEΘΝΕΑ der Hand
Pindars seinen Ursprung.

Ob auch O. III 9 das schwerfällige ἅ τε Πίσα (sc.
πράσσει) με γεγωνεῖν, τᾶς ἄπο θεόμοροι νίσσοντ' ἐπ' ἀνθρώ-
ποις ἀοιδαί aus ἅ τε Πίσα ϝε γεγωνεῖν etc., wie ich jetzt
mit Hartung vermute, entstanden sei, überlasse ich dem
Urteil anderer. Die Vermutung Bergk's, dass O. XIII 98
πατρῴ ϝέπει θήσω φανερά statt πατρῴ γ' ἔπει θήσ. φαν.
zu lesen sei, geht von der falschen Voraussetzung aus, dass
πατρῴ γ' ἔπει θήσω die richtige Ueberlieferung sei: aber
nicht dieses, sondern πατρῴ δ' ἔπει θήσω, was ganz untadel-
haft ist, bieten die guten Handschriften. Bestechender ist
desselben Gelehrten Vermutung, dass I. VIII 17 πατρός

οὕνεκα δίδυμαι γένοντο θύγατρες Ἀσωπίδων θ᾽ ὁπλόταται Ζηνί τε ϝάδον das unstatthafte θ᾽ aus ϝ entstanden sei, doch wage ich dieselbe nicht zu billigen, da ein Digamma von ὁπλότατος sich nicht etymologisch begründen lässt und schon deshalb unwahrscheinlich ist, weil nach der Lehre Leo Meyer's anlautendes o ein ursprüngliches Digamma in sich aufzunehmen und damit es selbst zu verdrängen pflegt.

Wenn nun aber auch von den aufgezählten Stellen die eine oder andere angefochten werden sollte, so bleiben doch immer noch genug Spuren des Digamma in dem alten Texte Pindars übrig. Eine genauere Durchmusterung derselben zeigt aber auch zugleich, dass Pindar das Digamma nicht bloss da, wo es den Hiatus milderte, schrieb, sondern auch dort, wo es jede prosodische oder metrische Bedeutung verloren hatte. Es stund also in Pindar das *F* dem *H* ganz nahe, nahm gewissermassen eine Mittelstellung zwischen einem vollen Konsonanten und einem Spiritus ein.

Auch im Innern eines Wortes scheint Pindar noch ein Digamma geschrieben zu haben. Darauf führen die Komposita ἑκατονταϝετής P. IV 282 und ἐπιϝεσσόμενος N. XI 16, und vielleicht auch die Geltung von ἀνάταν als Anapäst P. II 28 und III 24. Denn diese lässt sich einfach dadurch gewinnen, dass man das *AYATAN* der alten Handschriften auf ein *AFATAN* des Pindarexemplars zurückführt, oder mit anderen Worten den scheinbaren Diphthongen au wie ein aϝ gesprochen werden lässt. Das Gleiche gilt von der Form ἀϝερύη. die Böckh mit richtigem Blick O. XIII 81 aus den Scholien hergestellt hat. Umgekehrt hingegen ist nach homerischem Vorbild ein halbvokalisches v in ein vokalisches u übergetreten in ἀποίϱαις. was sich aus ἀπο-ϝϱαις und dieses aus ἀποϝεϱαις entwickelt hat. unsere Lexika aber noch immer trotz der längst von Ahrens Ztsch. f. Alt. 1836 n. 100 gegebenen, einzig richtigen Deutung, auf ein Präsens ἀπαιϱάω zurückführen.

Spuren eines h in dem Pindartext.

Nehmen wir wie billig an, dass Pindar sich der alten Schrift, der Schrift seiner böotischen und äolisch-dorischen Zeitgenossen bediente, so dürfen wir erwarten, dass er auch das h oder den starken Hauch mit einem eigenen Buchstaben, dem phönikischen Cheth *H* ausdrückte. Auch von diesem Zeichen glaube ich eine Spur in einer verderbten Stelle unseres Pindartextes gefunden zu haben. N. VII 83 lesen wir in unseren Texten

$$\beta\alpha\sigma\iota\lambda\tilde{\eta}\alpha \;\; \delta\grave{\epsilon} \;\; \vartheta\epsilon\tilde{\omega}\nu \;\; \pi\varrho\acute{\epsilon}\pi\epsilon\iota$$
$$\delta\acute{\alpha}\pi\epsilon\delta o\nu \;\; \mathring{\alpha}\nu \;\; \tau\acute{o}\delta\epsilon \;\; \gamma\alpha\varrho\nu\acute{\epsilon}\mu\epsilon\nu \;\; \mathring{\alpha}\mu\acute{\epsilon}\varrho\alpha \;\; \mathring{o}\pi\acute{\iota}.$$

Die Verbindung $\mathring{\alpha}\mu\acute{\epsilon}\varrho\alpha$ $\mathring{o}\pi\acute{\iota}$ ist an unserer Stelle in dem gegebenen Zusammenhang ganz passend; denn unmittelbar zuvor heisst es *πολύφατον θρόον ὕμνων δόνει ἡσυχᾷ*. Aber das $\mathring{\alpha}\mu\acute{\epsilon}\varrho\alpha$ ist eine von Hermann. Böckh u. a. gebilligte Konjektur des findigen Jesuiten Benedetti. unsere handschriftlichen Quellen bieten etwas anderes. In D steht *θεμεϱᾶ*, in B *θευμεϱᾶ* oder *θαμεϱᾶ·* was die alten Grammatiker gelesen haben, lässt sich aus den Scholien nicht mehr ermitteln; vermutlich lasen sie wie cod. D *θεμεϱᾶ*, und beziehen sich auf das Wort die Glossen des Hesychius

θεμέϱη· βεβαία, σεμνή, εὐσταθής.
θέμεϱον· σεμνόν, ἀφ' οὗ καὶ τὸ σεμνύνεσθαι θεμεϱύνεσθαι.

Um aber in dem überlieferten *θεμεϱᾶ* das erwartete *ἡμέϱα* zu finden, muss man zuerst über den Vokal der Stammsylbe ins Reine kommen. An allen Stellen, wo das Wort bei Pindar vorkommt, ist in unseren Handschriften *ἅμεϱος* geschrieben, so O. XIII 2, P. I 71, III 6, N. VIII 3, IX 44. Aber inschriftlich auf den Tafeln von Heraklea I 124 ist uns *ἥμεϱος* überliefert, und dieses einzige inschriftliche Zeugnis bedeutet mehr als die 5 Lesungen der Handschriften. Mit Recht sagt Ahrens, De gr. ling. dial. II 152: vel sic tamen tabulis Heracleensibus maiorem fidem tribuimus et librarios notissimae vocis doricae ἀμέρα comparatione in errorem inductos esse arbitramur. Auch die Etymologie spricht für ein e nicht a; denn die früher versuchte Herleitung des Wortes von W. yam 'bändigen' muss heutzutage als abgethan gelten. nachdem die sorgfältigeren Untersuchungen der Lautgesetze uns gelehrt haben, dass ursprüngliches anlautendes y im Griechischen entweder zu ζ oder zu h wurde. nicht aber zu ζ und h zugleich, wie dieses hier angenommen werden müsste. wenn von W. yam zugleich ἥμερος und ζημία abstammte. Billigung verdient nur die von G. Curtius, Grundz.⁵ S. 378 aufgestellte Ableitung, wonach ἥμερος aus ἡσ-μερος entstanden und ebenso wie ἥσ-υχος auf die W. ēs 'sitzen' zurückzuführen ist, so dass ἡμέρᾳ ὅτι sich ganz mit dem lateinischen sedata voce deckt. Wir werden uns also nicht dem Vorwurf übertriebener Kühnheit aussetzen. wenn wir annehmen, dass sich in unserer Stelle N. VII 83 wie so oft in Folge der Unverständlichkeit der überlieferten Zeichen das Ursprüngliche erhalten hat. Nachdem nun so *EMEPA = ἡμερα* seine Erklärung gefunden hat. ergibt sich von selbst die Deutung des vorausgehenden ersten Buchstabens Θ. Das Θ und H standen sich ohnehin nah. und im alten böotischen Alphabet sahen sich vollends die Zeichen für h und th zum Verwechseln ähnlich.¹) Unser *θεμέρα* geht also zurück auf ein *HEMEPA* der Hand Pindars, und es bestätigt sich somit Benedetti's Konjektur ἡμέρᾳ auch auf paläographischem Wege.

Hat demnach Pindar das h noch vollauf geschrieben, so verdienten die Abschreiber, wenn sie trotzdem einen fal-chen 'spir. asp. in den Text brachten, weniger Ent-

---

1) Siehe die Tafel in Hinrichs, Griech. Epigraphik, in Müller's Handb. d. klass. Alt. I 416.

schuldigung. Gleichwohl hat die Neigung der Schreiber mehr der herrschenden Aussprache als der Treue der Vorlage zu folgen, viele falsche Spiritus in unsere Handschriften und Ausgaben gebracht. Um so mehr Beachtung erheischen aber unter solchen Umständen die Stellen, in denen, wenn auch nur vereinzelt ein von der gewöhnlichen Sprachweise der Attiker abweichender Spiritus in den guten Handschriften stehen geblieben ist. Unsere Ausgaben sind in dieser Beziehung hinter den Fortschritten der Handschriftenkunde zurückgeblieben; mehrere weiche Hauche müssen entgegen der herrschenden Schreibweise in unsere Pindartexte zurückgeführt werden. Ich erwähne einzelne Fälle.

ἆμαρ, was vielleicht aus aus-mar entstanden ist, steht richtig in unseren Ausgaben und Handschriften mit spir. len. geschrieben. Dann ist aber ein spir. asp. auch für das weitergebildete ἀμέρα zu erwarten: erhalten hat sich derselbe nicht bloss in ἐπάμερος P. VIII 95 und fr. 182 (ἐφάμερος ist überliefert I. VII 40), sondern auch O. I 6 ἀμέρα Eᵃ. O. I 34 ἀμέραι C. P. IV 130 ἐν τ' ἀμέραις C.

ἀγέομαι, ein Denominativum von ἀγός, hat von Hause aus kein h. Richtig werden demnach auf Grund der Ueberlieferung die Eigennamen Ἀγησίας O. VI 12. 77, Ἀγησίδαμος O. X 18. 92, O. XI 12, N. I 29, IX 42, Ἀγησίμαχος N. VI 25 mit spir. asp. geschrieben, aber ein spir. asp. wird auch durch alle gute Handschriften bezeugt für ἀγησίχορος P. I 4 und ἀγητήρ P. I 69; ferner bietet P. IV 248 ἄγημαι C, P. X 45 ἀγεῖτο D E, N. V 25 ἀγεῖτο D. O. IX 57 ἀγεμών D. P. IV 274 ἀγεμόνεσσι Cᵃ D, I. VIII 20 ἀγεμόνα D. Auffällig ist, dass in alten böotischen Inschriften bei Röhl Inscr. gr. ant. n. 191 ΑΓΕΟΝΔΑΣ, aber n. 270 ΗΑΓΕΣ ΑΝΔΡΟΣ geschrieben steht.

Sehr beachtenswert ist, dass P. II 11 die Lesart ἐν τ' ἅρματα in C D das etymologisch richtige ἅρματα bestätigt, wiewohl sonst immer das attische ἅρμα mit spir. asp. ge-

schrieben steht. Keinen Wert lege ich auf das vereinzelte
ἁλικία untergeordneter Handschriften in P. I 74. da die
Etymologie und der Gegensatz zu τηλίκος für ein aus s ent-
standenes h spricht. Eine eigentümliche Bewandtnis hat es
mit den ursprünglich mit Digamma anlautenden Wörtern ἀδεῖν
O. III 1, ἕδνα P. III 94, τ' ἑλικοβλεφάρου P. IV 172, ἀδυμελεῖ
(so C) N. II 25, ἀδίσταν (so D) I. II 5. Hier ist wohl der
spir. len., da er dem Digamma näher steht, dem spir. asp.
vorzuziehen. aber Pindar scheint diese Wörter geradezu nach
den oben S. 39 gegebenen Belegen mit anlautendem Digamma geschrieben zu haben. Ueber das vereinzelte ἀνίοχον
(so D) N. VI 75 wage ich kein Urteil, da die Etymologie
des Wortes im Argen liegt. Wie die alten Grammatiker,
wohl gestützt auf die handschriftliche Ueberlieferung, über
solche Fälle im allgemeinen dachten, lehrt die Regel des
Scholiasten zu Theokrit I 1: οἱ Δωριεῖς τρέπουσι τὸ ῆ τὸ
δασὺ εἰς ᾱ ψιλὸν ὑπεξαιρουμένων τῶν ἄρθρων.

Vokaldehnung oder Konsonantendoppelung.

Einer der heikelsten Punkte in der niederen Kritik
Pindars. in der orthographischen Gestaltung des Textes,
bildet bei zahlreichen Wörtern die Unstätigkeit und Un-
zuverlässigkeit der Handschriften in der einfachen oder
doppelten Schreibung eines σ λ μ ν. Es kommt fast kein
ιάνεσσα, πολίεσσι. κρέσσων, ἄμμε, Ἀχιλλεύς. Πίσα vor, wo
nicht die Handschriften auseinandergehen, zum Teil sogar
gegen die Autorität der besten derselben entschieden werden
muss. Die Zahl der variierenden Stellen ist zu gross. als
dass die Annahme, es verdankten diese Varianten der Neigung
der Abschreiber poetische Formen durch vulgäre zu ersetzen.
ihren Ursprung, grosse Wahrscheinlichkeit für sich hätte.
Näher liegt es den Ursprung der Abweichungen auf die alte
Schrift zurückzuführen und anzunehmen, dass der Wirrwarr
in letzter Linie denjenigen zur Last zu legen sei, welche die

alte Schrift in die attische umsetzten und bei mangelhafter
Kenntnis des Metrums die Fälle, wo das einfache Σ die
Geltung eines Doppelkonsonanten mit Positionskraft hatte,
und jene, in denen es auf die Quantität der Sylbe keinen
Einfluss übte, nicht sorgsam genug auseinander hielten.
Auffällig ist allerdings, dass die böotischen Inschriften im
alten Alphabet keineswegs konsequent einen Doppelkonsonanten mit einfachem Konsonanten schreiben, vielmehr weit
öfter die Verdoppelung auch durch die Schrift ausdrücken,
wie in *HYPPINOΣ, MENNIΔΔO, LIBYΣΣΔI, KALLI-
NIKOΣ* (Röhl IGA. 173. 187. 204. 205). Aber etwas anderes
ist ein handwerksmässiger Steinmetz und ein gebildeter, folge-
richtig denkender Schriftsteller: Pindar, bei dem die ver-
ständige Ueberlegung noch grösser als die dichterische Be-
geisterung war, wird auch in der Schrift ein durchdachtes
System konsequent durchgeführt und ein lautliches oder
metrisches Doppel-S durchweg entweder durch ein oder durch
zwei Σ ausgedrückt haben.

Wo nun das Metrum einen einfachen Buchstaben verlangt, da kümmern uns wenig die Varianten der Handschriften; da verlohnt es sich kaum der Mühe, auch nur im
kritischen Apparat anzugeben, ob die Handschriften wirklich
nur 1 Buchstaben haben, und ob dieselben in dieser Beziehung unter einander übereinstimmen oder nicht. Aber
nicht so einfach steht die Sache, wenn das Metrum eine
lange Sylbe verlangt. Auch hier zwar steht es in zahlreichen Fällen durch die Kenntnis, die wir von der Quantität
des vorausgehenden Vokals und von dem Gebrauche der
Dialekte und Dichter haben, ausser Zweifel, dass zur Er-
zielung der vom Metrum geforderten Länge der Konsonant
zu verdoppeln ist, wie in *πόδεσσιν* N. X 63, *μέσσοις* P. IV
224, *ἔσσεται* O. VIII 53, *σπασσάμενος* P. IV 234, *ἵλεσσιν*
O. II 44, *Ἀχιλλεῖ* P. VIII 100, *Πελιναῖον* P. X 4. Aber
in anderen Fällen erhebt sich ein doppelter Zweifel, erstens

ob nicht Pindar auch nach einem langen Vokal ein Doppel-S gesprochen wissen wollte, und zweitens ob die Länge der Sylbe nicht statt durch Verdoppelung des nachfolgenden Konsonanten durch Dehnung des vorausgehenden Vokals erreicht worden sei.

Was den ersten Punkt anbelangt, so verweise ich auf πλήσσω, πράσσω, lat. caussa, divissi, und die berühmte Stelle des Quintilian Inst. or. I 7, 20: quid? quod Ciceronis temporibus paulumque infra fere quotiens littera media vocalium longarum vel subiecta longis esset, geminabatur, ut 'caussae, cassus, divissiones'; quomodo et ipsum et Vergilium quoque scripsisse manus eorum docent. atqui paulum superiores etiam illud. quod nos gemina dicimus 'iussi', una dixerunt. Wir wissen zwar, dass in den angeführten Fällen das Doppel-S, weil entstanden aus 2 Buchstaben (pragjo, dividsi) etymologisch gerechtfertigt war, und dass in anderen Wörtern, wie in ἀλλήλοις, dor. ἀλλάλοις aus ἀλλο-αλλους, die Griechen nach Verlängerung des vorausgehenden Vokals die Verdoppelung der nachfolgenden Liquida unterlassen haben, aber trotzdem sind wir in Verlegenheit, ob wir der Variante *Κνωσίας* oder *Κνωσσίας* (O. XII 16), *Παρνασός* oder *Παρνασσός* (O. IX 63. XIII 106. P. I 39, V 41, VIII 206, XI 36. N. II 19), *Καφισός* oder *Καφισσός* (O. XIV 1, P. XII 27), *κνίσα* oder *κνίσσα* (O. VII 80, N. XI 7, I. III 84), *νίσομαι* oder *νίσσομαι* (O. III 10. 34, P. V 8, N. V 37) den Vorzug geben sollen. Wir können nur so viel mit Zuversicht sagen, dass Pindar *KNOΣIA, ΠΑΡΝΑΣΟΣ, KNIΣA, NIΣΟΜΑI, ΚΑΦIΣΟΣ,* und ebenso *ΚΑΣΑΝΔΡΑ* (P. XI 20), *B.IΣAI* (O. III 23, P. III 4, I. III 11), *METAΛΛAΣE* (O. VI 62) geschrieben hat, und dass erst durch die Umschrift in das gewöhnliche Alphabet die Varianten mit einem σ und zwei σσ entstanden sind.[1]

---

[1] Die Schreibart *Καφισός*, ist inschriftlich gesichert; aber über *Παρνασός* bemerkt Herwerden, Stud. Pind. 23: in marmore Pario

Verwickelter ist die zweite Frage, ob in dem Falle, dass eine an sich zweifelhafte Sylbe an der betreffenden Stelle die Geltung einer Länge hatte, diese Länge durch Verdoppelung der Konsonanten oder durch Dehnung des Vokals erreicht worden sei. Doppelt verwickelt wird diese Frage, wo die verschiedenen Dialekte in der Wahl der Konsonantenverdoppelung oder Vokaldehnung auseinandergehen, so dass es sich nun fragt, ob Pindar dem äolischen oder dorischen Dialekt, dem Homer oder der Umgangssprache gefolgt sei. Der Grund unserer Verlegenheit aber geht in letzter Linie darauf zurück, dass ein *EΣ EN OΣ* von der Hand Pindars, wenn anders derselbe die alte Schrift gebrauchte, ebenso gut in εσσ als ι̯σ, in εrr als εin, in οσσ als ωσ oder selbst οrσ aufgelöst werden konnte. Wir fragen also, ist ursprüngliches *EΣAN* mit ἔσσαν oder ἦσαν, *EMEN* mit ἔμμεν oder ἦμεν oder εἶμεν, *ΦΑΕNOΣ* mit φαεννός oder φαεινός, *XΣENOΣ* mit ξέννος oder ξεῖνος wiederzugeben?

Um hier klar zu sehen, sondere ich die einzelnen Fälle und schicke jedesmal die allgemeine Regel voraus.

1) Fällt n vor s, einem ursprünglichen oder einem aus t entstandenen, aus, so tritt Ersatzdehnung in der Art ein, dass der vorausgehende kurze Vokal entweder verlängert (ᾱ ē ō) oder in einen Diphthongen verwandelt wird. so entstand im Participium aus -ansa (urspr. antja) ion. att. dor. böot. -ᾱσα, äol. -αισα, aus -ονσα (urspr. ontja) dor. -ωσα, att. -ουσα, äol. -οισα, aus -ensa (urspr. entja) -εισα (-ēsa). Pindar gebrauchte in diesen Fällen die äolische Form. die aber, da sie auch der lakonische Dichter Alkman gebrauchte[1]).

v. 4 legitur ἀφ' οὗ Ἰσσαλίον παρὰ τὸν Παγρασὸν ἐν Ἀρχωρίη ἐβασίλιν, itaque III ante Chr. seculo nomen duplici Σ exarabatur. Cur hodie fere viris doctis placeat scriptura per unam sibilantem, iuxta cum ignarissimis ignoro.

1) Fr. 16, 27; 18, 1; 23, 1; 34, 3; nur μῶσα statt μοῖσα fr. 1 und 45, 1.

zugleich die altdorische Form gewesen zu sein scheint. Das lehrt bezüglich -οισα, -αισα. -οισι das Zeugnis der Handschriften, da die Diphthonge αι und οι auch in der alten Schrift mit *AI OI*. nicht mit einfachen *A* oder *O* geschrieben wurden.[1]) Bezüglich des -εις, -εισα könnte man an und für sich zweifeln, ob das ursprüngliche *ΕΣ*, wie in dem Participium *ΦΑΝΕΣ* der alten Weihinschrift bei Röhl IGA 167, mit εις oder ης aufzulösen sei: aber die Uebereinstimmung der Dialekte und die Analogie der übrigen Participia spricht doch entschieden für die Endung εις, εισα.

Auch das von gleichem Ursprung abzuleitende Nomen *Μοῖσα* hat nach den Handschriften Pindar, ebenso wie die lesbischen Dichter, mit οι geschrieben, wiewohl hier sehr früh. nach der Ueberlieferung schon bei Stesichoros fr. 32, 1, Simonides fr. 44. 46, Bacchylides fr. 28, 2, Timocreon fr. 2, 1, Pratinas fr. 5, die gewöhnliche Form *Μοῦσα* Eingang fand. Nur das Wort μουσικό. welches Böckh, Pind. I 292 zugleich mit der Sache aus Ionien nach dem übrigen Griechenland gekommen sein lässt, hat nach der handschriftlichen Ueberlieferung schon Pindar O. I 15 und fr. 32 mit ου gesprochen.

Auch die Präposition εἰς, die bei Pindar noch in regelrechter Weise nur vor Vokalen steht, ist bekanntlich durch Ersatzdehnung aus ἐνς entstanden. Das weitergebildete εἴσω findet sich P. IV 135 in allen alten Handschriften ἔσω geschrieben; das darf uns aber nicht etwa zur Schreibung ἔσσω verleiten, sondern ist auf die pindarische Schreibung *ΕΣΩ* zurückzuführen.

2) Durch ein auf eine Liquida folgendes, später ausgefallenes i oder j ist im Gemeingriechischen der Uebertritt des vorausgehenden ι in ει veranlasst worden (Umlaut), während im Aeolischen das j sich der Liquida assimilierte

---

1) Freilich haben an nicht wenigen Stellen die Hdschr. *ας ασα* *οσα*, aber an diesen Stellen haben offenbar die Vulgärformen die ursprünglichen verdrängt.

und so einen Doppelkonsonanten erzeugte. So stehen sich
gegenüber χεῖρες, urspr. χεριες, äol. χέρρες, dor. χῆρες; πεῖ-
ρας, urspr. περιας, äol. πέρρας, dor. πῆρας. Pindar schrieb
ΧΕΡΕΣ, ΠΕΡΑΣ und hat die erste Sylbe bald lang bald kurz
gebraucht. Im ersten Fall gaben die alten Abschreiber,
wenn sie nicht aus Unkunde des Metrums das alte *E* bei-
behielten, wie in P. IX 122, N. VII 94, das η mit ει.
nicht mit η wieder, wohl mit Recht. Denn obwohl uns
eine Kontrole fehlt, so ist doch aller Wahrscheinlichkeit
nach auch hier Pindar seinem Hauptvorbild, dem Homer,
gefolgt.

Nur die Form mit Umlaut gebraucht Pindar in χείρων
aus χεριων, τέρεινα aus τερενια, μέλαινα aus μελανια, κείρω
aus κεριω u. a. Statt des richtigen, durch Assimilation nach
äolischer Art gebildeten κρέσσων aus κρετιων hat ein Teil
der Handschriften das gemeingriechische κρείσσων O. II 26.
X 39, P. I 85, während N. III 30. X 72. I. III 52 die
Variante κρέσσων genau die Hand des Dichters wiedergibt.
Von den Adjektiven auf αεις und οεις finden wir im Femininum einstimmig die Endung εσσα überliefert, wie μελι-
ιόεσσα O. I 101, πειράεσσα O. VI 48, κνισάεσσα O. VII 80.
Das Maskulinum wird wohl auf εις ausgegangen sein, einen
Fingerzeig aber für die alte Schrift gibt die Ueberlieferung
μορφάες für μορφάεις I. II 22.

3) In Folge eines verwandten Umlautsgesetzes bewirkte
ein auf eine Liquida folgendes, später meist ausgefallenes ι
den Uebertritt eines vorausgegangenen ο in οι, in ion. ep.
μοῖνος aus μονϝος. ep. δούρατος aus δορϝατος, γούνατος aus
γονϝατος, Πουλυδάμας neben Πολυδάμας. Pindar hat von
diesen epischen Formen nur μοῖνος neben μόνος, δούρατος
und δούρατι neben δόρυ, νοῖσος neben νόσος, κοῖρα neben
κόρα angewendet; ob er das οι dieser Wörter mit OY oder
einfachem O schrieb, wage ich nicht zu entscheiden.

Verwandter Art ist der häufige Wechsel zwischen ο und

οι in Ὄλυμπος und Οὔλυμπος, Ὀλυμπία und Οὐλυμπία. In unsern Handschriften ist, sei es in Folge der ursprünglichen Schreibweise ΟΛΥΜΠΟΣ, sei es in Folge der Verwischung der poetischen und gemeinen Form eine solche Unsicherheit gekommen, dass nur die Rücksicht auf die metrische Forderung den Ausschlag geben darf.

Unsicher ist es, ob zu Nr. 2 oder Nr. 3 das Wort ξένος mit seinen zahlreichen Ableitungen zu stellen ist. Von demselben ist in Inschriften Korinths, Korkyras und Kyperns eine Grundform ξένϝος nachweisbar; s. Meister Gr. Dial. I 124 und II 48 u. 57; aber ich halte es deshalb doch nicht für ausgeschlossen, dass daneben noch eine andere Grundform ξένιος existierte; auf die letztere scheinen zurückzugehen äol. ξέννος, dor. ξῆνος, ion. ep. ξεῖνος. In einer alten böotischen Weihinschrift bei Röhl IGA 167 ist ΧΣΕΝΟΙΣ mit erster langer Sylbe geschrieben; das könnte ebenso gut auf ξέννοις als ξῆνοις oder ξείνοις führen. Da aber das Wort in einem Distichon steht und der Elegie die episch-ionischen Formen eigen waren, so ist die Umschrift ξεῖνοις allein berechtigt. Bei Pindar haben wir ein beständiges Schwanken der Handschriften zwischen der Schreibung mit ε und ει; wahrscheinlich schrieb der Dichter durchweg ΞΕΝΟΣ, mochte die erste Sylbe die Geltung einer Länge oder Kürze haben; die Entscheidung für die Schreibung mit ει geben die metrischen Gesetze häufig im Gegensatze zur handschriftlichen Ueberlieferung, so O. III 1. 40, P. III 32, IV 30. 97, IX 10, I. I 36, II 48.

4) Die Aufeinanderfolge von n, m, r und nachfolgendem oder vorausgehendem s war den Griechen unbequem, weshalb sie dieselbe beseitigten. Der Weg, den sie zu diesem Zweck einschlugen, war verschieden in den verschiedenen Dialekten; die einen vereinigten durch Assimilation die beiden Konsonanten zu einem Doppelkonsonanten; die andern warfen den ersten Konsonanten ganz aus und verlängerten dafür den

vorausgehenden Vokal. Von pindarischen Wörtern kommen dabei folgende in Betracht:

Pron. 1 pers. plur. urgr. asmes, asmeōn, asmin, asme, äol. ἄμμες, ἄμμιν und ἄμμι, ἄμμε, böot. ἅμες in einem Vers des Eubulos, kypr. ἄμεων (att. ἡμῶν), ἅμε (att. ἡμᾶς), dor. ἅμες, ἅμεων, ἅμιν ἅμε,[1] att. ἡμεῖς, ἡμῶν, ἡμῖν, ἡμᾶς. Bei Pindar sind die Formen ὅμμες (ἁμές), ἄμμι, ὅμμι (ἁμέ) überliefert. Die erste Sylbe ist überall lang, aber statt der zwei μ ist mehrmal nur ein μ in den Handschriften geschrieben; so lesen P. IV 144 ἁμὲς B C D, O. IX 106 ἅμα verderbt aus ἅμε A C D E; im Dativ war die Form mit zwei μ durch den homerischen Sprachgebrauch geschützt und findet sich so P. IV 155. 167, I. I 52, VII 49, VIII 44. Pindar schrieb wohl nur ein M und überliess es den Sängern und Lesern je nach ihrer Stammesherkunft das geschriebene ΑΜΕΣ entweder ἄmmes oder āmes zu sprechen.

Das Hilfszeitwort ἐσμί hat in mehreren Formen die harte Lautverbindung sm beseitigt; so entstanden äol. ἔμμι, dor. ἠμί, ion. att. εἰμί, altböotisch ΕΜΙ; äol. ἔμμεναι, dor. ἦμεν, böot. εἶμεν; ion. εἰμέν, att. ἐσμέν; ion. att. εἰσί, äol. dor. ἐντί, und durch Formübertragung ion. εἰς   äol. dor. ἐσσί. In unseren Pindartexten findet sich von den gedehnten Formen εἰμί, εἰμέν, aber die Varianten ἔμεν P. III 60, N. V 49, X 51 und ἐσί I. II 12 lassen doch der Vermutung Raum, ob nicht Pindar in der Weise der altböotischen Inschriften von Tanagra (s. Meister Gr. Dial. I 276) ΕΜΙ ΕΣΙ ΕΜΕΝ geschrieben und den Lesern die äolische oder dorische Aussprache überlassen habe.

Mehrere Adjektive auf εινος haben eine dialektische Nebenform auf εννος; so lautete φαεινός, κλεινός, κελαδεινός,

---

1) Die Accente habe ich lieber unbezeichnet gelassen, da die Formen sich wesentlich auf Inschriften stützen und auch die Grammatiker in diesem Punkt kein sicheres Wissen hatten.

ὀρεινός, πίθεινος im Aeolischen φάεννος, κλέεννος, κελάδεννος, ὄρεννος, πόθεννος. Die doppelten Formen sind unzweifelhaft aus der Ableitung von Neutris auf ες zu erklären und auf eine Grundform εσνος zurückzuführen, wenn sich auch zu κελαδεινός und ποθεινός ein Neutrum auf ος gen. εος, urspr. εσος, nicht nachweisen lässt. Bei Pindar schwanken die Handschriften, so dass O. I 6 φαενὸν in A C, φαεινὸν in D, φαεννὸν in E steht, und N. III 41 alle Handschriften ψεφηνὸς haben; aber die bessere Ueberlieferung führt doch auf κελαδεννός P. III 113, I. III 26, κλεεννός, P. IV 280, IX 15. φαεννός O. I 6, VII 67, P. IV 283, V 56, N. VI 59, VII 51, I. V 30, während an allen Stellen alle Handschriften ποθεινός, ἐρατεινός, σκοτεινός bieten. Wahrscheinlich bildete Pindar selbst alle diese Adjektive auf einfaches ΕΝΟΣ und entstand die Varietät erst durch die Transkription. Beachtenswert indes ist, dass auf jüngeren böotischen Inschriften sich Φάεινος geschrieben findet; s. Meister Gr. Dial. I 222.

Für ἔννεπε, was aus ἔν-σεπε entstanden ist, so dass das anlautende ε auch in den augmentlosen Formen ἐννέπων N. VII 69 und ἐννέποισα I. VIII 45 erhalten blieb, finden wir P. IV 97 und N. X 79 die Variante ἤνεπε. Das lässt uns mit Bestimmtheit alte Schreibung mit einem N, also ΕΝΕΠΕ, vermuten.

5) Eine alte Freiheit der epischen Dichter der Griechen war es, dass sie von Wörtern, welche mit 3 Kürzen begannen, um dieselben überhaupt in den Hexameter zu bringen, die erste Sylbe metri causa verlängerten, wofür ich die Belege in meiner Metrik² 193 zusammengestellt habe. War der erste Vokal jener Wörter ein α oder ι, wie in ἀθάνατος, ἀπολέσῃσι, ἀπονέοντο, διογενής, so wurde die Verlängerung in der Schrift nicht ausgedrückt: war er hingegen ein ε oder ο oder folgte auf den Vokal eine Liquida, so drückten die jüngeren Schreiber die Längung auch äusserlich aus, indem sie ἠίκομος, ὠλισίκαρπος, μώνυχες, εἰνάλιος, εἰν ἐνὶ

δίφρῳ, ἐννοσίγαιος, ἐννεσίῃ etc. schrieben. Pindar hat von dieser Freiheit in ἠΰκομος und εἰνάλιος Gebrauch gemacht. Aber an den 7 Stellen, wo sich das letztere Wort findet, O. IX 99, P. II 79, IV 27. 39. 204, X 140, XII 12 steht überall in den besten Handschriften ἐναλ geschrieben, zum deutlichen Beweis, dass Pindar es noch nicht für nötig fand der Verlängerung einen äusseren Ausdruck in der Schrift zu geben, und dass die Schreiber, welche den alten Text in das neue Alphabet umsetzten, sich um das Metrum nicht kümmerten.

6) Eine vereinzelte Stellung nimmt wegen des Dunkels, das auf seinem Ursprunge schwebt, das Wort Συράκοσαι und Συρακόσιος ein. Die Sylbe κοσ gebraucht Pindar teils als Länge, teils als Kürze; in ersterem Falle könnte man die von den Ioniern und Attikern gebrauchte Form Συράκουσαι vermuten; aber dagegen spricht, wie schon Böckh in den kritischen Noten zu O. VI 6 hervorhob, die Schreibweise der Syrakusaner selbst, welche ihre eigene Stadt fast ausnahmslos[1]) Συράκοσαι nannten. Unsere Handschriften schwanken, so dass z. B. P. II 1 Συράκουσαι in C, Συράκοσσαι in D. O. I 24 Συρακουσίων (statt Συρακοσίων) in A B C, Συρακοσίων in D, O. VI 6 Συρακουσᾶν in A, Συρακουσᾶν in B C D steht; aber das kommt doch wohl nur daher, dass die vulgäre attische Form Συράκουσαι allmählich die altüberlieferte Συράκοσσαι oder ΣΥΡΑΚΟΣΑΙ verdrängte.

Zur Deklination.

Der Genet. sing. der 2. Dekl. geht in unseren Pindarausgaben auf ου aus. Aber es haben sich in unseren Handschriften noch viele Reste des älteren Genetivs auf ω erhalten. So steht

---

1) Nur ein einziges und dazu unsicheres Beispiel für Συράκουσαι führt Kaibel in der Sammlung der Inscr. gr. Siciliae et Italiae inferioris n. 132 an.

O. XIII 52 οὐ ψεύσομαι ἀμφὶ Κορίνϑῳ. Die Handschriften haben Κορίνϑῳ und Κορίνϑω, der Genetiv ist sprachgemässer, da in ganz gleicher Verbindung Pindar O. I 36 sagt ἔστι δ'ἀνδρὶ φάμεν ἐοικὸς ἀμφὶ δαιμόνων καλά, und X. X 4 μακρὰ μὲν τὰ Περσέος ἀμφὶ Μεδοίσας Γοργόνος.

O. X 23 ἔργων πρὸ πάντων βιότῳ φάος. Die guten Codd. A C D haben βιότω ohne iota subscr., C darüber βιότου. Der Schreiber von C hat also in der Endung ω einen Genetiv gefunden und deshalb die vulgäre Endung des Genetivs darüber geschrieben; aber mit Unrecht. Der Dativ ist gewählter und deshalb poetischer, das iota subsc. ist aber mit solcher Willkür bald zugeschrieben, bald weggelassen, dass in dieser Beziehung auf die Handschriften gar kein Verlass ist. Vielleicht ist die Unsicherheit darauf zurückzuführen, dass schon Pindar dieses in der Aussprache nicht mehr vernehmbare ι zu schreiben unterliess; thatsächlich findet sich jenes später untergeschriebene ι in böotischen Inschriften nur sehr selten geschrieben, und ist vielleicht auch auf Pindar die Bemerkung der alten Grammatiker (Herodian II 280, 25; 421, 17: vgl. Meister Gr. Dial. I 87) zu beziehen, dass die Aeolier und Böotier den Dativen ω und η kein ι beischrieben.

O. VII 5 ist zu φιάλαν als Apposition gesetzt συμποσίῳ τε χάριν. Auch hier ist in A im laufenden Text συμποσίω, darüber aber συμποσίου geschrieben, was auch die anderen Handschriften haben; die Herausgeber billigen den Genetiv mit Ausnahme von Mommsen, der den Dativ hergestellt hat.

P. I 39 Παρνασοῖ τι κράναν φιλέων. Den Genetiv Παρνασοῖ stellte Böckh auf Grund der alten Paraphrase her; die massgebenden alten Handschriften haben Παρνασῷ, woraus in die jüngeren der Dativ Παρνασῷ gekommen ist. Ohne Bedeutung ist in derselben Ode P. I 62 die nur durch untergeordnete Handschriften vertretene Lesart *Παμφύλω* für das gewöhnliche *Παμφύλου*.

O. VI 5 *βωμῷ τε μαντείῳ ταμίας Διὸς ἐν Πίσᾳ.* Cod. A hat *βωμῶ* mit darübergeschriebenem *ου*. Der Dativ verdient den Vorzug, da ohnehin noch ein Genetiv zu *ταμίας* folgt. Derselbe Umstand und überdies der pindarische Sprachgebrauch sprechen O. VII 19, wo die besten Handschriften *πέλας ἐμβόλω* bieten, für den Dativ *ἐμβόλῳ*, nicht den Genetiv *ἐμβόλου*.

P. IV 113 *μίγα κωκυτῷ γυναικῶν.* Die besten Codd. B C (nicht D, wie mich mein Schüler Karo aus Florenz belehrte) haben *μετὰ κωκυτῶ*, was auf die Genetivverbindung *μετὰ κωκυτοῦ* führt. Die neueren Herausgeber bieten die von Hermann gebilligte Lesart des Cod. D *μίγα κωκυτῷ*, die ein unbelegbares *μίγα* in den Text einführt.

P. IV 255 *ἐν ἀλλοδαπαῖς σπέρμ' ἀροίραις ιουιάκις ὑμετέρας ἀκτῖνας ὄλβου δέξατο μοιρίδιον ἆμαρ ἢ νύκτες.* Statt *ὄλβου* hat C *ὄλβον* und D *ὄλβω*, woraus die Byzantiner *ὄλβῳ* machten, was Mommsen sehr mit Unrecht in den Text aufgenommen hat; *ἀκτῖνας ὄλβου* ist epexegetische Bestimmung zu *σπέρμα*, das mit glücklichem Scharfsinn Hermann aus dem verderbten *ἀλλοδαπαῖς περ* herausgefunden hat.

P. XI 3 *ἴτε σὺν Ἡρακλέος ἀριστογόνῳ ματρὶ πὰρ Μελίαν.* Die Herausgeber schwanken, ob sie *ἀριστογόνῳ*, das die Codd. mit und ohne *ι* überliefern, zu *Ἡρακλέος* oder *ματρὶ* beziehen sollen. Mommsen schreibt geradezu *ἀριστογόνον* an der Hand der Paraphrase des alten Scholion *παραγίνεσθε σὺν τῇ μητρὶ τοῦ ἀριστογόνου Ἡρακλέους, φημὶ δὲ τῇ Ἀλκμήνῃ.*

P. XI 41 *εἰ μισθῷ συνέθευ παρέχειν φωνὰν ὑπάργυρον* Die Handschriften B D haben *μισθῶ*, die Ausgaben den Dativ *μισθῷ*, aber das Scholion *εἰ δὲ ἀληθῶς, ὦ ἡμετέρα Μοῖσα, μισθοῦ καὶ ἀργυρίου τὴν σὴν φωνὴν ὑπέσχου παρασχεῖν* setzt den Genetiv μισθοῦ voraus, der auch mehr im Geiste der griechischen Sprache gelegen ist.

N. II 23 τὰ δ'οἴκοι μάσσον' ἀριϑμοῦ. Statt des Genetiv, an dessen alleiniger Berechtigung hier kein Zweifel sein kann, hat B über der Linie ἀριϑμῶ und D ἀριϑμῷ. In derselben Ode N. II 24 haben die beiden Codd. B D τὸν (sc. Διὸς ἀγῶνα) ὦ πολῖται κωμάξατε Τιμοδήμῳ σὺν εὐκλέι νόστῳ, aber der Dativ Τιμοδήμῳ gibt eine harte Konstruktion, gefälliger und einfacher ist der von Triklinios hergestellte Genetiv Τιμοδήμου, der auf ein altes, in einigen geringeren Handschriften bezeugtes Τιμοδήμω zurückgeht.

N. III 10 ἄρχε δ' οὐρανοῦ πολυνεφέλᾳ κρέοντι ϑύγατερ δόκιμον ὕμνον. Da schon ϑύγατερ gegen die gewöhnliche Sprechweise mit dem durch das Metrum geschützten Dativ κρέοντι verbunden ist, so wird man nicht nun auch noch das Nomen κρέων mit einem Dativ verbinden. Ich halte daher an dem von dem Scholiasten gebilligten, wenn auch von Aristarch und Ammonios verworfenen Genetiv οὐρανοῦ fest. Aber überliefert war nach den Scholien οὐρανᾱ, und der Dativ οὐρανῷ steht nicht bloss in den besten Codd. B D, sondern auch in dem Scholion zu Eur. Hec. 685. Aber nicht bestimmt wage ich mich zu entscheiden, ob man οὐρανοῦ πολυνεφέλα (-λα ohne ι haben die Codd.) κρέοντι oder vielmehr οὐρανοῦ πολυνεφέλᾳ κρέοντι schreiben soll.

N. IV 59 τᾷ Δαιδάλου δὲ μαχαίρᾳ φύτευέ ϝοι ϑάνατον. Der überlieferte Genetiv Δαιδάλου ist vielleicht richtig, obschon ich trotz des Beifalls, den er neuerdings bei Bergk und Mommsen gefunden hat, meine starken Bedenken habe. Fein ist jedenfalls die von Hermann und Böckh gebilligte Konjektur δαιδάλῳ des Grammatikers Didymus; ihren Rückhalt hat aber dieselbe in der Voraussetzung, dass das alte δαιδάλω so gut Dativ wie Genetiv sein konnte.

N. V 52 παγκρατίῳ φϑέγξαι ἑλεῖν 'Επιδαύρῳ διπλόαν νικῶντ' ἀρετάν. Statt παγκρατίῳ hat die zweite Quelle der

Ueberlieferung, cod. D, *παγκρατίου*. Beide Lesarten werden wohl auf *παγκρατίω* der gemeinsamen Vorlage zurückgehen. N. VI 25 *ὑπέρτατος Ἀγησιμάχῳ υἱέων γένετο*. Cod B hat *Ἀγησιμάχω*, was das Schol. Rom. als Genetiv *Ἀγησιμάχου* fasst; aber der Dativ verdient als die ungewöhnlichere und schon deshalb poetischere Konstruktion den entschiedenen Vorzug.

I. III 12 *τὰ δὲ κοίλᾳ λέοντος ἐν βαϑυστέρου νάπᾳ κάρυξε Θήβαν*. Der überlieferte Genetiv *βαϑυστέρου* ist wohl berechtigt; aber die Erklärung des Scholion *τὰ δέ ἐστιν ἐν τῇ κοίλῃ καὶ βαϑυστέρῳ νάπῃ τοῦ λέοντος* zeigt, dass dieselben *βαϑυστέρῳ* statt *βαϑυστέρω* oder *βαϑυστέρου* lasen. Das hat Bergk richtig erkannt; nur hätte er nicht den Dativ in den Text aufnehmen sollen, da damit die Concinnität in unschöner Weise verletzt wird, indem *νάπα* zwei und *λέων* gar kein Epitheton erhält.

Spuren der handschriftlichen Ueberlieferung weisen also darauf hin, dass ehedem in den Pindartexten der Gen. sing. der 2. Dekl. auf ω ausging und so leicht mit dem meist ohne iota subser. geschriebenen Dativ verwechselt werden konnte. Auch die Scholiasten hatten noch Kenntnis von diesem Verhältnis; so steht zu *αὐτῶ*, was O. III 19 die besten Handschriften statt des richtigen *αὐτῷ* bieten, in den Codd. QZ nach Mommsen die Glosse *ἀντὶ αὐτοῦ δωρικόν*, und lesen wir zu der obenbesprochenen Stelle N. V 10 (16) in den Scholien zu *οὐρανῶ· αἰολικῶς ἀντὶ τοῦ οὐρανοῦ*. In der That bildeten die Aeolier und Dorier den Genetiv auf ω, indem sie οο nach ihrer Art zu ω statt wie die Ionier und Attiker zu ου zusammenzogen. Bildete aber Pindar, indem er den vereinigten Doriern, Aeoliern, Böotiern folgte, den Genetiv auf ω, so schrieb er ihn, wenn anders er die alte Schrift gebrauchte, mit O. Auch davon hat sich ein sehr hübsches Anzeichen erhalten O. XIV 11 *ὦ· πότνι' Ἀγλαΐα φιλησίμολπέ τ' Εὐφροσύνα ϑεῶν κράτιστου παῖδες*. Wenn nämlich hiezu die

Scholien bemerken οὐχ ὅτι κρατίστους ἔχουσι παῖδας ἀλλ'
ὅτι αὐταὶ κράτισται παῖδές εἰσιν· νέαι γάρ· αἱ κράτισται
τῶν παίδων τῶν θεῶν ἢ τῶν κρατίστων θεῶν, so erklären
sie damit offenbar eine Lesart κρατιστόπαιδες, nicht das
überlieferte κρατίστου παῖδες. Beides aber sind Varianten,
entstanden aus der Grundlesart *ΚΡΑΤΙΣΤΟΠΑΙΔΕΣ*. Mit
dieser Darlegung wird hoffentlich der Satz G. Hermanns,
De dial. Pind., opusc. 1 254 'non usquam Pindarus gene-
tivum secundae declinationis in ω terminavit' definitiv er-
ledigt, das ist widerlegt sein.

Den Accus. plur. der 2. Dekl. bildeten die Dorier
und Böotier auf ως, nur in Aristophanes Acharner begegnen
böotische Accusative auf ους, in welchen Meister Gr. Dial.
I 230 An. 1 mit Recht den Einfluss attischer Schreiber
findet. Dass auch hier Pindar den Doriern und seinen Landsleuten folgte, davon hat sich ein urkundliches Zeugnis erhalten N. III 24 δάμασε δὲ θῆρας ἐν πελάγει ὑπερόχοις.
Denn statt ὑπερόχους lesen wir in den beiden besten Codd. B D
ὑπέροχος, und lasen die alten Grammatiker ὑπερόχως, was
die Scholien folgendermassen erklären: ὑπεράχως· δωρικῶς
ἀντὶ τοῦ ὑπερόχους, οἷον ὑπερέχοντας καὶ μεγίστους. Also
Pindar gebrauchte den dorisch-böotischen Accusativ auf ως
und schrieb ihn mit ΟΣ. Diese alte Schreibweise hat sich in
unseren Handschriften wie an der eben besprochenen Stelle
N. III 24 so auch noch O. I 53 ἀκέρδεια λέλογχεν θαμινὰ
κακαγόρος erhalten, wozu eine Glosse in E bemerkt ἀντὶ τοῦ
κακαγόρους δωρικῶς ἀφαιρέσει τοῦ υ. Dass aber Pindar auch
nach dem Vorgang seines Landsmannes Hesiod diese Accusativ-
endung zu kürzen sich erlaubte, davon haben wir in O. II 78
ἔνθα μακάρων νάσος (v. l. νᾶσον) ὠκεανίδες αὖραι περι-
πνέοισιν, N. III 29 ἔπεται δὲ λόγῳ δίκας ἄωτος ἐσλὸς (v. l.
ἐσλὸν) αἰνεῖν, N. X 63 ἴδεν Λυγκεὺς δρυὸς ἐν στελέχει ἥμενος
(ἥμενον coni. Aristarch) drei zuverlässige Belege, wenn auch

dieselben, wie die Varianten zeigen, frühzeitig angefochten wurden.[1])

Die lesbischen Aeolier wichen in diesem Kasus von ihren Stammesgenossen in Böotien ab, indem sie noch regelrecht die ursprüngliche Endung ons und ans nach Ausfall des n durch Ersatzdehnung in οις und αις verwandelten. Auffälliger Weise finden wir von Pindar auch diese Form in dem Siegeslied auf den Thebaner Herodotos I. I 24 gebraucht:

$$οἷά τε χερσὶν ἀκοντίζοντες αἰχμαῖς,$$
$$καὶ λιθίνοις ὁπότεν δίσκοις ἵεν.$$

Denn αἰχμαῖς und somit auch λιθίνοις δίσκοις ist hier unzweifelhaft als Accusativ zu fassen, da nach dem vorausgehenden Dativ χερσίν ein zweiter Dativ αἰχμαῖς eine unerträgliche Härte wäre, und die ähnliche Stelle des Homer M 44 καὶ ἀκοντίζουσι θαμειὰς αἰχμὰς ἐκ χειρῶν, wo der Accusativ ausser Frage steht, dem thebanischen Dichter vorgeschwebt zu haben scheint. Auf die Frage aber, ob denn wirklich Pindar zwei Formen des gleichen Kasus gebraucht und etwa in den Oden an dorische Fürsten die dorische, in solchen an äolische Landsleute die äolische Form bevorzugt habe, ist schwer eine zuversichtliche Antwort zu geben,[2]) zumal nach Ausweis der Inschriften die Thebaner in diesem Punkte nicht mit den eigentlichen Aeoliern übereinstimmten. Keine Wahrscheinlichkeit aber hat die Vermutung Bergk's zu P. II 21, dass Pindar auch in den älteren Oden auf den

---

1) Führer im Phil. 44, 55 hat meine Abhandlung im Phil. 25, 628 ff. nicht genau gelesen, wenn er sagt: 'die sogenannten verkürzten acc. pl. 2. Dekl. auf ος sind eine Fiktion der Grammatiker, wie Christ gezeigt hat.'

2) Pauw und Hartung haben geradezu die gewöhnlichen Accusative αἰχμάς und λιθίνους δίσκους hergestellt, welche Kühnheit durch das Schwanken der Handschriften in der Beifügung des ι nach ᾱ und ω entschuldigt wird; auch I. II 41 steht ein falsches θεοσίας für θεωρίας.

Aegineten Phylakidas I. VI 9 (μελιφθόγγοις ἀοιδαῖς), 12 (ἐσχατιαῖς), 17 (κλυταῖς) und auf den Thessalier Hippokles P. X 60 (ἑτέροις), oder gar auch noch in den Oden P. II 21 und I. VII 8 solche äolische Accusative gebraucht habe. Ebenso wenig empfiehlt es sich N. VII 16 εὕρηται ἄποινα μόχθων κλυταῖς ἐπέων ἀοιδαῖς mit Herwerden, Stud. Pind. p. 51 den Acc. κλυταῖς ἀοιδαῖς herzustellen.

Von einem Nomen auf εύς, von Δωριεύς, lautet P. I 65 der Nominativ plur. Δωριῆς in den besseren Codd. C D, Δωριεῖς in den minderwertigen E F. Die neueren Ausgaben geben der letzteren Form den Vorzug, schwerlich mit Recht. Pindar schrieb wohl auch hier in alter Schrift ΔΟΡΙΕΣ, was regelrecht Δωριῆς gesprochen wurde; die Böotier und Dorier gebrauchten noch die aufgelöste Form auf εες (s. Meister Gr. Dial. I 269, Ahrens de gr. ling. dial. II 237), εε aber pflegte bei den Aeoliern und Doriern in η, nicht wie bei den Ioniern in ει zusammengezogen zu werden. Für Δωριῆς sprechen auch die altattischen Formen Ἀχαρνῆς ἱππῆς etc. Hermann de dial. Pind., opusc. I 255 verwirft beide Formen und schreibt nach Vermutung Δωρίοις, ohne Not.

Zur Konjugation.

Infinitive auf ΕΝ. Blass führt neuerdings noch in der neuen (3.) Bearbeitung der ausführlichen Grammatik der griechischen Sprache von Kühner I 29 f., wo er einen gedrängten Abriss des pindarischen Dialektes gibt, drei Infinitive auf εν an. Pindar hätte demnach 2 Formen des Infinitivs, eine auf ειν und eine auf εν, gebraucht. Solche Doppelformen haben aber nach den Grundsätzen, die am glänzendsten und siegreichsten Nauck in seiner Recension der homerischen Gedichte zur Anwendung gebracht hat, nur dann einige Wahrscheinlichkeit für sich, wenn dieselben dem metrischen Bedürfnis oder der metrischen Bequemlichkeit dienten, mit anderen Worten, wenn die gewöhnliche Form nicht in den

Vers passte. Betrachten wir also die 3 Stellen O. I 3.
P. IV 56. 115:

εἰ δ' ἄεθλα γαρύεν   ἔλδεαι φίλον ἦτορ.

ἑστέρῳ νάεσσι πολεῖς ἀγαγὲν Νείλοιο πρὸς πίον τέμενος.

ῥεχτὶ κοινάσαντες ὁδὸν Κρονίδα δέ ταρύεν Χείρωνι δῶκαν.

Wie man sieht, verlangt an keiner der drei Stellen das
Metrum eine kurze Stelle, begünstigt oder verlangt vielmehr
eine Länge. Das Gleiche ist an den weiteren 2 Stellen.
O. III 25. P. V 72 der Fall, wo ein Teil der Handschriften
einen Infinitiv auf εν bietet:

δὴ τότ' ἐς γαῖαν πορεύεν (πορεύεν A) θυμὸς ὅρμα.

τὸ δ' ἐμὸν γαρύεν ταπὸ (γαρύεν ἀπὸ B, γαρύεντ' ἀπὸ P)
Σπάρτας ἐπήρατον κλέος.

Da nun aber Pindar, wie ich in dem Aufsatze, Die
älteste Textesüberlieferung des Pindar (Philol. XXV 607 bis
636), auf Grund der Zeugnisse der alten Grammatiker und
zahlreicher Lesarten unserer Handschriften nachgewiesen habe,
sich noch der alten Schrift, in der E die 3 Werte ε η ει
hatte, bediente, so lässt sich zunächst nur so viel behaupten,
dass Pindar den Infinitiv auf EN bildete.[1]) Dass aber das
E die Geltung einer Länge hatte, geht für jeden, der sich
nicht von Vorurteil oder Eigensinn leiten lässt, unwiderleglich
daraus hervor, dass keine Stelle eine Kürze verlangt, sehr viele
aber eine Länge gebieterisch erheischen. Nur darüber kann
man in Zweifel sein, ob diejenigen, welche die alte Schrift
in die neue oder ionisch-attische umschrieben (οἱ μετα-
χαρακτηρίσαντες, mit Recht jenes EN der Hand Pindars in
ειν umsetzten. Meister Gr. Dial. I 279 bestreitet es, indem
er bezüglich der ähnlichen Infinitive in der Rede des Böotiers
bei Aristophanes und Eubulos bemerkt: die von den attischen

---

[1]) Auf diese alte Schreibweise geht auch das Zeugnis des Scholiasten zu Thukydides III 78 zurück, wenn er den Infinitiv ἀκουσθεν
für böotisch ausgiebt.

Komikern gebildeten Infinitive ϑεϱίδδειν Ar. Ach. 947, πονεῖν und φαγεῖν Eubul. Antiopa haben attische und nicht böotische Endung. Indes darüber enthalte ich mich eines Urteils, wenn mir auch angesichts der lesbischen und dorischen Infinitive auf ην die Meinung Meisters viel für sich zu haben scheint. Wüsste man bestimmt, woher diese Infinitive auf *EN* und ειν stammen, ob sie als neutrale Nominative auf εν oder ϝεν anzusehen oder auf alte Lokative auf ενι zurückzuführen seien, so liesse sich eher eine bestimmte Meinung wagen.

Aber versagen will ich mir nicht über Pindar nach oben und unten hinauszugehen. Der um mehr als 200 Jahre jüngere syrakusanische Dichter Theokrit hat in seinen dorischen Gedichten dreimal jene Infinitivendung εν als Kürze behandelt V 7. 36. VI 26:

ὀϱκεῖ τοι καλάμας αὐλὸν ποππύσδεν ἔχοντι
ὄμμασι τοῖς ὀϱϑοῖσι ποτίβλεπεν, ὃν ποκ᾽ ἐόντα
ἀλλ᾽ ἄλλαν τινὰ φαμὶ γυνᾶν ἔχεν, ἁ δ᾽ ἀΐοισα

Aber jene Kürzung ist bei keinem älteren Dichter nachzuweisen. Insbesondere steht bei dem lakonischen Dichter Alkman die Sache gerade so wie bei Pindar. Er, der natürlich auch in alter Schrift schrieb, gebrauchte nur Infinitive auf *EN* mit langem Vokal. Bei Bergk PLG⁴ stehen allerdings Infinitive auf ην ειν und εν nebeneinander; aber das εν hat nirgends die Geltung einer Kürze. Denn Fr. 1 und 162. 9

νεοχμὸν ἄϱχε παϱσένοις ἀείδεν.
Θαέναν ἐμὲ ὁ οὔτ᾽ ἐπαινέν

steht es am Schlusse eines Verses, Fr. 57 aber

μηδέ μ᾽ ἀείδεν ἀπέϱυκε

spricht das Vers-mass, wie auch Bergk bemerkt, für eine lange Sylbe. Bemerkenswert aber ist, dass auch hier nach der einleitenden Bemerkung des Et. M. p. 327 τὸ γὰϱ λακωνικόν ἐστιν ἀείδειν ἢ ἀείδεν, die Alten in ihren um-

schriebenen Exemplaren geradeso wie bei Pindar bald ιν
bald εν vorfanden.[1])

Der 2. Aorist von γιγνώσκω hatte in der 3. Pers. pl.
bei Pindar einen kurzen Vokal. Das lehren die 3 allein
hier in Betracht kommenden Verse P. IV 120, IX 79, I. II 23:

ὡς φάτο τὸν μὲν ἐσελθόντ' ἔγνον ὀφθαλμοὶ ατρός.
αντὸς ἔχει κορυφάν· ἔγνον ποτὲ καὶ Ἰόλαον.
ὄντε καὶ κάρυκες Ὠρᾶν ἀνέγνον σπονδοφόροι Κρονίδα.

Denn der erste Vers verlangt eine Kürze. und die beiden
andern stehen der Annahme einer solchen nicht im Wege.
Nichts bedeutet daher die Autorität der Handschriften, welche
an allen drei Stellen die Form ἔγνων bieten. Denn das lange
ω derselben ist offenbar nur aus der unrichtigen Transkription
des ursprünglichen *ΕΓΝΟΝ* entstanden. Das alles hat schon
richtig Ahrens de gr. ling. dial. II 317 erkannt. wogegen die
auf das blosse Belieben hinauslaufenden Einwände Bergk's zu
P. IV 122 nichts bedeuten.

Von den Verbis auf μι ist in der 3. Pers. sing. die
ganz vereinzelt stehende Form ἐφίητι erhalten I. II 9: sonst
lesen wir die gewöhnlichen ionisch-attischen Formen σι.
wie τίθησι P. II 10, δίδωσι P. V 65, N. VII 59, δείκνυσι
fr. 108, 5. Die Dorier, Aeolier, Böotier bewahrten durchweg
hier das ursprüngliche τ, das sich auch bei allen Stämmen
in dem Hilfszeitwort ἐστί erhalten hat Sollte nun Pindar
wirklich nur einmal mit seinen Landsleuten und den be-

---

1) Allerneustens spricht sich darüber O. Hoffmann, Die griech.
Dialekte in ihrem historischen Zusammenhange (1891) S. 262 folgendermassen aus: Thatsache ist. dass die Dorer des Peloponneses den Infinitiv ursprünglich auf -ην, in jüngerer Zeit auf -εν bildeten. Dagegen sind zahlreiche Infinitive auf -εν aus den dorischen Kolonien
belegt, aus Kreta, Thera, Kos, Herakleia u. a. Da nun die Endung
-εν in Arkadien aus alter Zeit stammen muss — denn von den um-
wohnenden Dorern kann sie nicht entlehnt sein — so ist der Schluss
berechtigt, dass sie dem achäischen Stamme eigentümlich war.

freundeten Doriern übereingestimmt, im übrigen den stammes-
feindlichen Ioniern und Attikern gefolgt sein? Schwerlich;
weit eher hat sich nur an jener einzigen Stelle die Hand
Pindars erhalten, während an den andern die Vulgärformen
eingedrungen und durchgedrungen sind.

Die 3. Pers. plur. weist in Pindar 2 Formen auf:
-οντι (εντι) und -οισι; beide haben gleichen metrischen Wert,
und es ist daher schwer zu sagen, was den Dichter bestimmt
haben könnte zum Ausdruck derselben Sache zwei Formen
statt einer zu verwenden. An einen Unterschied der Dialekte
zu denken und anzunehmen, dass Pindar Doriern gegenüber
-οντι. Aeoliern gegenüber -οισι gebraucht habe, geht nicht
wohl an, da nicht bloss auch die Lokrer und Delphier die
3. Person plur. auf οντι, die Böotier auf ονθι bildeten,
sondern auch ganz gewöhnlich in derselben Ode sich Formen
auf οντι neben solchen auf οισι finden. Ich habe lange
nach einer Lösung des Rätsels gesucht; auf die richtige
Fährte führte mich die Beobachtung, dass sich an οντι nie
ein ν ἐφελκυστικόν angehängt findet und dass, von dem einzigen, sehr unsicheren Falle ζοιρανέοντι χοροὺς O. XIV 9
abgesehen, das ι von οντι nie die Geltung einer Länge
hat. Pindar unterschied also οντι und οισι so, dass er nur
an letzteres ein ν ἐφελκ. hängte, demnach οισιν nur vor
Vokalen und da, wo die zweite Sylbe der Endung im Metrum
als Positionslänge galt, gebrauchte Die Regel ist, wenn
wir der Ueberlieferung folgen, nicht ganz ohne Ausnahmen,
aber die paar Ausnahmen (ἄξοισι ταμφόρῳ P. VI 13, στάξοισι
θήσονταί τε P. IX 63, οἰκέοισι φυγόντες P. X 43, ναίοισι
πόλιν P. XII 26, καλέοισι, δέδορκεν N. IX 41, ναίοισι.
Λύμπον I. VI 66), stossen die Regel nicht um; zweifelhaft
ist es nur, ob es erlaubt ist die Ausnahmen wegzuemen-
dieren, oder als Zeichen der Hinneigung zum Aeolismus in
den älteren Gedichten fortbestehen lassen soll.

Das führt uns auf die Geschichte des ν ἐφελκ., die erst

geschrieben werden muss. Hier sei nur angeführt, dass ein
solches auf böotischen Inschriften überhaupt selten vorkommt
und nie an die 3. pers. pl. eines Verbums angehängt ist.
Das letztere hängt damit zusammen, dass auch der Dativ
sing. auf ντι kein ν ἐφελκ. duldet, und dass das ν ἐφελκ.
erst von dem Dat. pl. eines Nomen auf die gleiche Endung
der 3. pers. plur. eines Verbums übertragen wurde. Aber
woher kam es überhaupt, dass sich an das σι οισι αισι
eines Nomen ein ν anhängte? Das gieng offenbar von den
Pronomina aus; denn hier stellen sich den griechischen
Dativen ἄμμιν, ὔμμιν, σφίν ganz gleichgebildete im Sanskrit,
asmin, yuṣmin, tasmin, zur Seite. Hier war also das schlies-
sende n in der Gestalt der Grundsprache begründet, und
von hier aus verbreitete sich dasselbe zuerst auf den Dat.
plur. der Nomina, und des weitern dann auch auf die 3. pers.
plur. der Verba. Im übrigen hatte in der Theorie Pindars
das ν ἐφελκ. ein weiteres Herrschaftsgebiet als in der homerischen Sprache: Pindar behandelte das ν der Endung θεν
als Anhängsel, sagte also ϲηλόθε neben ϲηλόθεν[1]) und erlaubte sich von Ἱππϲκλέης einen Accusativ Ἱππϲκλέαν(P. X 57)
statt Ἱππϲκλεᾶ zu bilden und von da das Wort geradezu
in die 1. Deklination übertreten zu lassen. Jenes ν ἐφελκ.
des Accus. aber hat sein Analogon in der inschriftlichen
Schreibung -κλειν, indem die Nomina auf κλῆς ähnlich wie
νῆα ναῖν, Ποσειδῶ Ποσειδῶν behandelt wurden. Daraus
ist aber auch die falsche Vorstellung alexandrinischer Grammatiker von einem Acc. sing. der Komparative κρείσσων,
ἴδιων etc. auf ιων statt ιω entstanden, von dem sich auch
bei Pindar eine Spur in der Schreibung ΑΙΣΧΙΟΝΦΥΑΣ
= αἰσχίω φυᾶς I. VII 22 erhalten zu haben scheint.

---

1) Belege bei Heimer, Stud. Pind. p. 145 in dem Abschnitt De
ν paragogico apud Pindarum.

Doppelformen.

An Klarheit und logischer Bestimmtheit gewinnt die Sprache im allgemeinen und die Sprache eines einzelnen Schriftstellers insbesondere, wenn sich ein Eins der objektiven Welt in einem Eins des sprachlichen Ausdrucks widerspiegelt, wenn mit anderen Worten ein e Sache auch nur mit einem Worte benannt und ein Verhältnis auch nur durch eine Form bezeichnet wird. Aber neben dem logischen Bedürfnis und der durchsichtigen Klarheit behauptet in jeder Sprache, und je entwickelter und poetischer sie ist, in um so höheren Grade, das Streben nach Fülle und Mannigfaltigkeit ihr Recht. Von vornherein sorgt die jugendlich-überströmende Schöpfungskraft des Sprachgeistes für verschiedene Benennung desselben Gegenstandes; der Reichtum mehrt sich sodann dadurch, dass die Dialekte sich mischen und einander austauschen, dass neben der jüngeren, gebräuchlichen Form die ältere, halb verschollene noch fortlebt, dass endlich sich zum eigentlichen Ausdruck, zur κυρία λέξις, der übertragene oder metaphorische gesellt. Natürlich ist es vor allem die Poesie, welche jenen Reichtum liebt, welche in der Fülle des Ausdrucks das gestaltenreiche Spiel der Phantasie zum Ausdruck bringt und die Schönheit wechselnder Rede der Nüchternheit einförmiger Prosa entgegenstellt. Insbesondere bildet der Reichtum des Ausdrucks einen Hauptglanzpunkt der griechischen Poesie im Gegensatz zur mageren Einfachheit der lateinischen. Die deutsche Poesie kann sich allerdings der griechischen kühn zur Seite stellen, aber doch auch diese nur nach einer Seite. Das führt uns zur Frage, worin denn jene Mannigfaltigkeit des sprachlichen Ausdruckes besteht.

Der Reichtum der Sprache äussert sich zumeist in den sinnverwandten Ausdrücken, indem zur Bezeichnung ein und derselben Sache, ein und derselben Handlung mehrere Wörter dienen, welche entweder in der Bedeutung sich voll-

ständig decken oder nur kleine, dem Laien kaum erkennbare
Schattierungen durchblicken lassen (συνώνυμα und ὁμώνυμα).
Die Griechen haben eine grosse Fülle solcher synonymen
Ausdrücke; Pindar gebraucht für Schwert ξίφος, χαλκός, ἄορ
(in χαλκοάρας), für Singen ἀείδειν, ἱμνεῖν, κελαδεῖν, μελίζειν,
aber wir stehen mit unserm Schwert, Klinge, Degen: Singen,
Feiern, Sagen, Preisen den Griechen nicht nach, und während
Pindar für das Pferd, das in seinen Siegesgesängen eine so
grosse Rolle spielt, nur die zwei Ausdrücke ἵππος und κέλης
hat, steht unseren Dichtern gleich mehr als ein halbes
Dutzend zur Verfügung, Pferd, Ross, Renner, Gaul, Mähre,
Rappen, Schimmel etc.

Eine zweite Art des Reichtums liegt in der mannig-
faltigen Bezeichnung der Beziehungsverhältnisse durch Präpositionen, Konjunktionen, Pronomina, Deklinations- und
Konjugationsformen. Hier ist uns das Griechische entschieden
über, so dass wir unsere liebe Not haben all die Partikeln
und Partikelchen griechischer Dichter in unserer Sprache
wiederzugeben. Der Reichtum, der sich in der verschiedenen
Rektion der Präpositionen, der Dreiheit des Numerus, der
Mehrheit der Zeiten kundgibt, eignet der griechischen Sprache
im allgemeinen, dazu kommt aber noch der specielle Reichtum der dichterischen Sprache, welcher darin besteht, dass
für denselben Kasus, dasselbe Pronomen, dasselbe Wort verschiedene Formen gebraucht werden. Nach dieser Richtung
ist allen späteren Dichtern Homer vorangegangen; wohl
mögen einzelne Doppelformen erst mit der Zeit durch die
Wanderung des alten Heldengesanges zu verschiedenen Stämmen
Griechenlands in den homerischen Text gekommen sein, aber
Nauck und Fick gehen in dem Bestreben, jene Doppelformen
wieder zu entfernen und dem Text eine einförmigere Gestalt
zu geben, entschieden zu weit. Die griechischen Dichter
betrachteten es zu aller Zeit als ihr Vorrecht, nicht sklavisch
an die Sprache ihrer Landsleute gebunden zu sein, sondern

dieselbe frei gestalten und dem metrischen Bedürfnis anbequemen zu dürfen. Zu diesem Behufe scheuten sie sich nicht alte Formen, zumal wann sie durch das Ansehen altehrwürdiger Sänger gleichsam geheiligt waren, auch dann noch zu gebrauchen, wann dieselben bereits aus der lebenden Volkssprache verschwunden waren; zu diesem Behufe erlaubten sie sich aber auch aus der Sprache verwandter Stämme, wenn sie in andere Länder durch ihre Sangeskunst und Wanderlust geführt wurden, nicht bloss einzelne Wörter, sondern auch einzelne Formen herüberzunehmen. Ihre Sprache liess daher wohl noch diejenige Mundart, die sie selbst im Verkehr mit ihren Landsleuten und Zeitgenossen sprachen, als Grundelement wieder erkennen, aber dieselbe ward zugleich mit so vielen fremden Beimischungen durchsetzt, dass sie mit dem epichorischen Dialekt der Heimat des Dichters nicht mehr indentificiert werden konnte.

Auch bei Pindar ist die Mannigfaltigkeit gleichwertiger Formen sehr gross, zwar etwas kleiner als bei Homer, aber noch viel grösser als bei irgend einem lateinischen oder modernen Dichter; nur fragt es sich auch hier, ob die Mannigfaltigkeit nicht zum Teil erst den Wechselfällen der Ueberlieferung verdankt wird. Es sind daher, um die Sprache des Dichters selbst nach dieser Seite richtig zu beurteilen, vor allem diejenigen Fälle ins Auge zu fassen, in denen die verschiedene Form durch das Metrum gesichert ist, also nicht erst mit der Zeit in den Text gekommen sein kann. Gesichert durch das Metrum ist aber das Nebeneinander von Genetiven auf αo und α, $o \iota o$ und $o v$ (oder ω), von Dativen auf $o \iota \sigma \iota$ ($\alpha \iota \sigma \iota$) und $o \iota \varsigma$ ($\alpha \iota \varsigma$), $\varepsilon \sigma \sigma \iota$ und $\varepsilon \sigma \iota$, von $\pi ó \delta \varepsilon \sigma \sigma \iota$, $\pi o \sigma í$ und $\pi o \sigma \sigma í$, sodann von Infinitiven auf $\varepsilon \mu \varepsilon \nu$ und $\varepsilon \iota \nu$ (oder $\varepsilon \nu$), von 3. Personen des Indikativs auf $o \nu \tau \iota$ und $o \iota \sigma \iota \nu$, von Aoristen auf $\varepsilon \sigma \sigma \alpha \iota$ ($\alpha \sigma \sigma \alpha \iota$ oder $\alpha \xi \alpha \iota$) und $\varepsilon \sigma \alpha \iota$ ($\alpha \sigma \alpha \iota$). Zu Nutzen machte sich ferner Pindar zum behufe leichterer Einfügung in das Versmass die Doppelformen $\xi \acute{\varepsilon} \nu o \varsigma$ und

ξεῖνος, Ὄλυμπος und Οὔλυμπος, ἆμαρ und ἀμέρα, πέπαται
und κέκτηται, μίν und ϝέ, σοί (τοι) und τίν, ὕμμιν und ἐμίν
(I. II 30), σέθεν und σέο (σεῦ), τέος und σός, κίν und ἄν,
πρός und ποτί, πάρ und παρά, σύν und ξύν, εἰς und ἐς.
Fraglich hingegen ist es, ob Pindar auch metrisch gleichwertige Formen nebeneinander zu gebrauchen sich erlaubte,
und namentlich, ob er so weit gegangen ist, sich diese Un-
gleichmässigkeit selbst in einem und demselben Gedicht zu
gestatten. Denn das letztere macht doch immer noch einen
grossen Unterschied, da es sich z. B. recht wohl hören lässt,
Pindar habe bloss in dem Gedicht auf den Korinthier Xenophon,
O. XIII 5. 40, die bei den Korinthiern landesübliche Form
Ποτειδάν, sonst aber Ποσειδάων gebraucht,[1]) oder er habe aus
Lokalpatriotismus die äolischen Accusative auf αις und οις
vor den dorischen auf ᾱς und ως nur in dem Lied auf den
Thebaner Herodot (I. I 24 f.) bevorzugt, oder er habe überhaupt, wie G. Hermann De dial. Pind. opusc. I 261 zuerst
annahm, durch den eigentümlichen Charakter der Musik sich
bestimmen lassen, in den Liedern mit äolischer Melodie auch
öfters äolische Sprachformen anzuwenden. Vgl. S. 63.

Aber bewegen wir uns schon mit diesem Gedanken auf
einem sehr schlüpfrigen Boden, so ist es doch noch weit
mehr zweifelhaft, ob Pindar noch darüber hinausgegangen
ist und ohne nachweisbaren Grund aus blosser Liebhaberei
verschiedene, metrisch gleichwertige Formen nebeneinander
gebraucht hat. Am meisten kommt hier in Betracht die
Schreibung mit η oder langem ᾱ. Indem wir diese uns für ein
eigenes Kapitel aufsparen, wollen wir hier noch kurz bezüglich
einiger anderen Doppelformen unsere Meinung aussprechen.

ἔπειον statt ἔπεσον ist als pindarisch gesichert durch
die handschriftliche Ueberlieferung in O. VII 79 πεισῖσαι

---

1) Die Form mit ϝ steht indes auch bei der böotischen Dichterin
Korinna fr. 1 τὸν δὲ μάκαρ Κρονίδα τοῦ Ποτειδάωνος ἄναξ Βοιωτί.

(πεσοῖσαι nur in A), P. V 30 πετόντεσσι, P. VIII 81 ἔμ-
πετες, N. IV 41 χαμαιπετοῖσαν. Daher schreibe ich ohne
Bedenken πετών P. II 41 und ἔπετες P. VIII 21, obwohl
an beiden Stellen die Handschriften entgegen sind. Herwerden,
Stud. Pind. p. 27 mutet dem Pindar die sonderbare Inkon-
sequenz zu, im Part. πετών, im Indic. ἔπεσεν gesagt zu
haben.

γλέφαρον steht in allen oder einem Teil der massgebenden
Handschriften O. III 12, P. I 8, IV 121, I. VIII 45; daher
wird die P. IX 24 und N. VIII 2 überlieferte Form βλέ-
φαρον ebenso wie ἑλικοβλέφαρος P. IV 172 aus dem Vulgär-
griechisch in den Pindartext eingedrungen sein.

ὄνυμα ist mit dem den Aeoliern und Doriern geläufigen
υ geschrieben O. VI 57, ebenso ὀνύμαξε P. II 44, XI 6,
O. IX 46, ὀνυμαστάν P. I 38. Daher kann es kaum zweifelhaft sein, dass das Wort auch P. XII 23 und N. VI 54
entgegen der handschriftlichen Ueberlieferung mit υ statt ο
zu schreiben ist.

ἔμμεν und ἔμμεναι sind die regelmässigen Formen des
Hilfsverbums bei Pindar. Wenn daher I. VI 20 τέθμιόν
μοι φαμὶ σαφέστατον εἶναι und in 2 Fragmenten n. 41
und 288 ohne metrische Not εἶναι überliefert ist, so sollten
wir der handschriftlichen Ueberlieferung nicht so viel Ge-
wicht beilegen, um der Vulgärform eine Stelle in unseren
Pindartexten einzuräumen.

Das böotische ἐνεῖκαι ist gesichert O. II 87, III 14,
P. IX 53; es ist mir daher nicht wahrscheinlich, dass Pindar
in derselben Ode P. IX 6 und 36 die gleichwertige Form
ἐνιγκεῖν gebraucht habe; dieselbe wird aber auch O. XIII 66
und I. VIII 21 erst durch die Abschreiber in unsere Texte
gekommen sein.

Die sprachlich richtige Form δέκομαι ohne Aspiration
ist handschriftlich überliefert O. II 69, XIII 68, I. I 51;

man wird daher der Lesart δέχονται P. I 98 und der Variante
δέχευ O. XIII 68 keine Bedeutung beilegen.

Keine Entscheidung wage ich darüber zu treffen, ob
man auf Grund der handschriftlichen Ueberlieferung nebeneinander dulden dürfe τάμνω O. XIII 57, XII 6 (*τεμν.* B)
und τέμνω P. III 68, *τράφω* P. IV 115, I. I 48 (*τρεφ.* D),
VIII 40 und *τρέφω* O. I 115, X 98, *τράχω* P. VIII 32 und
τρέχω O. X 65. Ganz ohne Bedenken aber wird man überall
bei Pindar αἰεί schreiben, wenn auch vielfach die Handschriften die metrisch gleichwertige Schreibweise ἀεί bieten.

Sehr unsicher stellt sich das Verhältnis bezüglich der
Präpositionen πεδά° = μετά und ἐν = ἐς. Dass beide Formen
dem Heimatdialekt Pindars eigentümlich waren, steht durch
die Zeugnisse der Inschriften und Grammatiker fest; aber
in keiner Ode sind dieselben durchgeführt; in allen findet
sich ohne ersichtlichen Grund neben πεδά und ἐν auch μετά
und ἐς. Es genüge daher anzugeben, dass πεδά überliefert
ist O. XII 12, P. V 47, VIII 74, N. VII 74, X 61 (v. l.
ποταγόζων), fr. 101, 2, ἐν = ἐς P. II 11.86, IV 258, V 38.76,
fr. 108. 119, wahrscheinlich auch I. II 2, wo die Variante
ἐν δίφρῳ in B (ἐς δίφρον D) auf ἐν δίφρον führt. Möglicher
Weise hat Pindar ἐς wie εἰς vor Vokalen, ἐν hingegen vor
Konsonanten gebraucht. Dann wäre Herwerdens Konjektur
gerichtet, der Stud. Pind. p. 58 I. I 4 ἐν ἂν κέχυμαι für
ἐν ᾧ κεχ. vorschlägt. Auch hat sich ἐν = ἐς in der Wort-
verbindung meines Wissens nur vor Konsonanten erhalten,
wie in ἐμβαλεῖν, Αἴανθ' ὑψίζυγος ἐν φόβον ὦρσεν.

Falsches ā und η in unseren Texten.

Wenn irgendwo, so sind in Bezug auf die Schreibung
mit ā oder η die Inschriften von ausschlaggebender Bedeutung.
Aber die Zahl der in den Inschriften vorkommenden Wörter
der Art ist verhältnissmässig klein, weit grösser ist die Zahl

derjenigen, die nur in den Texten der Autoren, vornehmlich des Pindar nachweisbar sind. Um so mehr ist zu bedauern, dass unsere Handschriften keine vollständige Gewähr für die richtige Schreibung bieten, indem nicht bloss vielfach aus der attischen und gemeingriechischen Sprache sich ein η eingeschlichen hat, sondern auch umgekehrt durch falsche Vorstellungen der Schreiber hin und wieder ein ᾱ statt des richtigen, in allen Dialekten bewahrten η in den Text gekommen ist. Denn wie wir öfter in unseren Handschriften den altgriechischen Dativ auf αισι und οισι statt des gewöhnlichen, vom Metrum geforderten auf αις und οις lesen (διδύμοισι O. III 35, ξανθαῖσι O. VI 55, ἀνθρώποισι O. XII 10), so hat sich auch ein hyperdorisches ἅμερος (O. XIII 2, P. I 71, III 6, N. IX 44, VIII 3), ἅμενον (O. X 33), θάσομαι (I. I 3) teils in alle, teils in einzelne unserer Handschriften eingeschlichen. Im allgemeinen geben aber doch unsere Handschriften mit grosser Treue den ursprünglichen Lautbestand wieder und enthalten nur wenige auf Verwechselung oder Unachtsamkeit zurückzuführende Fehler. Die Fehler und zweifelhaften Fälle stelle ich im Folgenden nach gewissen Kategorien geordnet zusammen, indem ich als bekannt voraussetze, dass die Griechen aus der Ursprache ein langes ᾱ und ein langes η überkommen hatten, dass aber die Ionier und zum Teil auch die Attiker vielfach ein ursprüngliches ᾱ in η übertreten liessen, während die Aeolier und Dorier die Trennung der beiden Vokale aufrecht erhielten.

1) Dem ionisch-attischen η der 1. Deklination steht durchweg bei den Aeoliern und Doriern und somit auch bei Pindar ein ᾱ gegenüber. Die Regel duldet keine Ausnahme, und die paar Fälle, wo sich in die Handschriften Pindars ein falsches η aus der gewöhnlichen Sprache eingenistet hat, verdienen keine weitere Beachtung.

2) Die Verba mit thematischen ε behaupten ihr ε, wie die mit α ihr α in allen Beugungs- und Ableitungsformen.

Demnach ist zu schreiben: πονηθῇ O. VI 11 nach C
(πονοαθῇ haben A B D), πεπονημένον P. IX 93 gegen alle
Codd.; richtig überliefert ist πόνησαν N. VII 36, πονήσαις
I.] 40.

ἐδινήθην P. X 136 nach B (ἐδινάθην haben die übrigen
Codd.), ἀκυδινήτοις I. V 6, gegen alle Codd. Bedenken
erregt nur die Möglichkeit einer Nebenform δινάω von dem
Nomen δίνα.

φώνασε O. XIII 67 und N. X 75 gegen die Handschriften
zu ändern nehme ich Anstand, obwohl I. VI 51 φωνήσαις und
P. IV 237 ἀφωνήτῳ überliefert ist, da das primitive Nomen
φωνή nur nach der 1. Deklination geht. Noch weniger ist
es erlaubt, das gut bestätigte κοινάσαντες P. IV 115 zu verdrängen, da sich daneben auch παρεκοινᾶτο P. IV 133 findet.

γεγενημένον O. VI 53 muss gegen alle Codd. hergestellt
werden; die Lesart γεγενναμένον in A zeigt, dass sich die
Grammatiker durch eine Ableitung von γέννα verführen liessen,
wie wirklich γεγενναμένος P. V 69 vorkommt. Ebenso ist
herzustellen:

ὑμνῆσαι I. III 7 gegen das in B D überlieferte ὑμνᾶσαι:
das richtige ὑμνησαν hat sich N. VII 14 erhalten.

ἀπονοστίσαντος N. VI 52 gegen die Codd., zumal dieselben N. XI 26 das richtige ἐνόστησε haben.

θήσομαι I. I 3, wo D fälschlich θάσομαι, B aber das
richtige, durch die Analogie und die anderen Stellen gesicherte θήσομαι hat.

ἥμενον O. X 33 statt des in B stehenden ἄμενον.

Τλαπολέμῳ O. VII 81, trotzdem hier in dem besten
Cod., in A, Τλημπολέμῳ steht.

ἀπράκτων I. VIII 7, wiewohl die beiden hier allein in
Betracht kommenden Codd. B D ἀπρήκτων bieten.

προσαίδα P. IV 119: überliefert ist προσηίδα, welche
Form den Schreibern aus Homer in die Feder kam. Ein

falsches Augment-*η* statt *α* ist auch überliefert in *ἤκουσαν*
P. VIII 31; zwischen dem richtigen *ὑπαντίασεν* und dem
falschen *ὑπηντίασεν* schwanken unsere Handschriften P. IV 135.
μναμοσύνας N. VII 15, *μεμνᾶσθαι* O. VI 92, wiewohl
an der zweiten Stelle C, an der ersten B und D ein *η* haben.
πανάγυρις O. IX 96, I. III 46 und *ὁμαγυρέες* P. XI 8;
an der letzten Stelle hat *ὁμηγυρ.* B D, O. IX 96 *πανήγ.* A B,
I. III 46 *πανήγ.* D.

Ἐπιμαθέος P. V 27 entgegen dem überlieferten *Ἐπιμη-
θέος*. aber im Einklang mit dem auch handschriftlich ge-
sicherten *Προμαθέος* O. VII 44 und *προμάθεια* N. XI 40,
I. I 40.

θεόδματον O. III 37, wo B C *θεόδμητον* haben; das
richtige, durch die Herleitung von *δέμας* gesicherte *θεόδ-
ματος* ist überliefert O. VII 59, P. I 61, IX 10, I. VI 11,
ebenso *εὔδματος* P. XII 3, *νεόδματα* I. III 80. Mommsen
liess sich durch eine falsche, von Ahrens de gr. ling. dial.
II 149 vorgebrachte Etymologie verleiten überall, zum grossen
Teil im Gegensatz zur handschriftlichen Ueberlieferung, *η* zu
schreiben.

Gar keine Berücksichtigung verdienen die Formen *ἐφίλασε*
P. II 16, XI 18. *ἀφθόναιος* O. XI 7, XIII 25, *δοναθεῖσα*
P. VI 36, da hier das falsche *α* sich nur auf bedeutungslose
Handschriften der Byzantiner stützt.

Richtig ist überliefert *πολεμαδόκος* P. IX 3 und *στε-
φαναφόρος* O. VIII 10, da diesen Kompositis ein ungebräuch-
liches Nomen nach der 1. Deklination zu grunde liegt. Auch
καύχημα I. V 51 schützt gut Ahrens de gr. ling. dial. II 133
durch den Hinweis auf ein dorisches Verbum *καυχέομαι*.
Ebenso wenig ist *ἀρίζηλος* O. II 61 (Theocr. 17, 57, Callim.
epigr. 51, 3) anzufechten, da ein Zusammenhang des Wortes
mit dem Namen der Insel *Ζᾶλος* zweifelhaft ist, und dasselbe Pindar jedenfalls nicht aus der Volkssprache geschöpft,

sondern aus Homer herübergenommen hat. Auch das öfters
vorkommende (O. II 21. 41, XII 12. P. II 40, III 81, IV 297),
handschriftlich gesicherte πῆμα lässt sich durch Zurück-
führung auf W. πενθ statt παθ hinlänglich sichern. Schwie-
rigkeit macht nur das Imperfektum νίκη N. V 5. Nach dem
Präsens νικάω und dem Aorist νικάσαις sollte man νίκα erwarten, aber die Aeolier bildeten das Präsens und Imperfekt der Verba contr. nach Analogie der Verba auf μι, und
zwar speciell nach der von τίθημι. Ausdrücklich bezeugt
Herodian II 316, 4 die dorischen Imperfekta auf η von
Verbis auf αω, indem er aus Stesichoros, den er für einen
Dorier ausgibt,[1]) das Imperfekt ποταύδη anführt. Keine Wahrscheinlichkeit hat das von Hermann zu P. IV 155 vermutete
ἀναστήῃ, da dafür vielmehr mit den besten Handschriften
ἀναστήσῃς oder nach den Angaben der Scholien ἀνασταίη
zu schreiben ist.

3) Von den Endungen haben sicher im Aeolisch-Dorischen,
und somit auch bei Pindar ā die Verbalendungen, wie μαν
σθαν, die Adverbia auf δαν, die Nomina auf τας ται ος (lat. tas,
tatis), ē hingegen die Nomina auf τηρ τερος. Ein Schwanken
zeigt sich bei der Endung ānos (anā) oder ēnos (ēnā). Ueber-
liefert nämlich ist σελάνα O. X 75, Τυρσανοί P. I 72, Κυλ-
λάνα O. VI 77, Κυράνα P. IV 2. 62. 261. 276. 279. V 24.
62. 81, IX 4. 18. 73, Πειράνα O. XIII 61, Πελλάνα P. VII 86,
IX 98, XIII 109, N. X 44, Μεσσάνα P. IV 126, VI 35,
Ἕλλαν O. III 12, VI 71, P. I 49, XI 50, N. V 10, I. III 54;
hingegen ἀπήνα O. V 3, P. IV 49, Μυκῆναι P. IV 49, Ἰσμηνός
P. XI 6, N. IX 22, XI 36. Von den letzten zwei Wörtern
hat Μυκῖναι an Homer einen Rückhalt — auch Fick schreibt
das Wort in seiner äolischen Ilias mit η — und ist Ἰσμηνός
durch die Schreibart Ἰσμείνα der böotischen Inschriften (s.

---

1) Das ist nicht ganz richtig; dass aber Herodian an der be-
zeichneten Stelle dieser Meinung war, durfte Holsten, De Stesichori
et Ibyci dialecto p. 9 nicht in Abrede stellen.

Meister Gr. Dial. ! 221) gesichert. Bei mehreren anderen Wörtern schwankt die Ueberlieferung:

Ἀθάνα, Ἀθᾶναι und Ἀθάναιος ist an den meisten Stellen überliefert, nur hat in P. VII 1 und N. IV 19 B η, in I. III 43 D η.

Ἀλκμάν haben die Codd. P. VII 2 und VIII 46. 57; vom Femininum Ἀλκμάνα ist das ᾱ nur erhalten P. IX 85 durch B und N. X 11 durch junge byzantinische Handschriften, an den anderen Stellen, I. I 12, III 73, VI 30, steht Ἀλκμήνη mit η geschrieben: gleichwohl wird kaum bezweifelt werden dürfen, dass Pindar durchweg Ἀλκμάνα sprach und schrieb. Ἀλκμάνα sagt auch Simonides fr. 8 nach der handschriftlichen Ueberlieferung.

τιθήνα kommt nur P. I 20 vor, wo die Handschriften zu gleichen Paaren auseinandergehen, indem τιθάνα in C, τιθήνα in B geschrieben steht. Wenn das lat. femina von der gleichen Wurzel herkommt, so verdient die Schreibung mit η den Vorzug.

εἰρήνη ist P. IX 23 und I. I 69 überliefert; nur O. XIII 7 steht εἰράνα in C. Die Ueberlieferung spricht daher bei Pindar mehr für εἰρήνα; aber εἰράνα steht in der Rede des lakonischen Heroldes bei Aristoph. Lys. 1081, und auch die Analogie begünstigt das von den meisten Herausgebern aufgenommene εἰράνα.

4) Am wenigsten Anhaltspunkte für die Entscheidung der Frage ob α oder η zu schreiben sei, haben wir bei den Stammsylben, da uns hier die Analogie im Stiche lässt und wir lediglich auf die handschriftliche Ueberlieferung und die Etymologie angewiesen sind. Ich berühre hier nur die schwankenden und unsicheren Fälle:

Ἀσκληπιόν steht N. III 54, Ἀσκλαπιόν P. III 6; das lateinische Aesculapius spricht für α.

Δάμητρα bieten einige Handschriften O. VI 95; das

richtige, durch den Zusammenhang mit ματηρ gesicherte Λό-
μαιρος steht I. I 57, VII 4; vgl. μητέρα O. VI 100 in A.
ἡμέρα steht für ἀμέρα geschrieben N. IX 42, und in
einem Teil der Handschriften O. II 35, IX 85, XIII 39.
ἄμερος für ἥμερος ist von uns oben S. 40 behandelt
worden.

ἡσυχία, ἡσυχᾶ etc. ist überliefert O. IV 14, P. I 70,
IV 296, VIII 1, XI 55, N. I 70, VII 82, IX 48; dagegen
haben die massgebenden Codd. ἀσύχιον P. IX 22 und ἀσί-
χιμον O. II 35. Unter solchen Umständen entscheide ich
mich gegen die Autorität von Bergk für die Schreibung
mit e, zumal für dieselbe auch der wahrscheinliche Zusammenhang mit dem Verbum ἧμαι aus ἡσ-μαι spricht.

μῆλον und μᾶλον pflegt man so zu unterscheiden, dass
μᾶλον = lat. malum Apfel, μῆλον Kleinvieh bedeutet. Auch
stimmt dazu die Schreibung von μῆλον (O. VII 63. 80,
P. IV 148, IX 66), εὐμήλοιο O. VI 100, μηλοβότου P. XII 2,
μηλοδόκῳ P. III 27;[1]) nur O. I 12 ist πολυμάλου überliefert,
und auch das möglicher Weise verwandte βαθύμαλον (v. l.
βαθύμαλλ.) P. IV 161 ist mit α geschrieben. Für die
Schreibung mit η spricht entscheidend die Form μεῖλον auf
böotischen Inschriften, worüber man siehe Meister Gr. Dial.
I 221. Anzunehmen aber, dass Pindar in der 1. olymp. Ode
an Hieron dem syrakusanischen Lokaldialekt gefolgt sei, ist
sehr bedenklich, zumal uns das Substrat zu einer solchen
Annahme, die Kenntnis von einem syrakusanischen μᾶλον
abgeht. Noch weniger aber möchte ich angesichts des böotischen μεῖλον wagen das πολυμάλῳ aus der äolischen Tonart jener Ode, wie Hermann und Böckh wollten, herzuleiten.

Ἀμφιάραος ist I. VII 23 mit αος geschrieben: O. VI 13
hat Ἀμφιάραον A Cᵃ Ἀμφιάρηον B Cᵇ D, P. VIII 56 Ἀμφιάραος D Ἀμφιάρηος B(?), N. IX 13 Ἀμφιάρηον B D.

---

1) D hat hier allerdings von erster Hand μαδοδόκῳ.

Die Handschriften halten sich also so ziemlich die Wage, und da nun auch das lat. Amphiaraus ein a aufweist, so würde ich mich unbedenklich für die Schreibung mit α entscheiden, wenn nicht N. IX 24 in allen Quellen die zusammengezogene Form Ἀμφιάρηι überliefert wäre. Böckh, der das Wort mit η schreibt, verweist zu P. VI 13 auf Hermann de dial. Pind.; aber auch dieser führt an der angedeuteten Stelle, Opusc. I 258, keine neuen Gründe ins Treffen.

κρατήρ, wofür Hermann und Böckh κρητήρ verlangten, ist jetzt an allen 3 Stellen, an denen es vorkommt O. VI 91, N. IX 49, I. VI 2 handschriftlich geschützt.

Kurz kann ich über die Abschreiberfehler ἄρωα statt ἤρωα P. III 7, θνήσκοντι statt θνάσκ. O. X 90, μηχανά statt μαχ. O. VI 67. P. III 62. 109. μελιηδέα P. IX 37, ἔκηλος O. IX 58, ζῆδος O. I 110 weggehen, da in diesen Wörtern die umgekehrte Schreibweise hinlänglich verbürgt ist. Ueber das aus dem Accus. Ἱπποκλεᾶ fälschlich entwickelte Ἱπποκλέας (P. X 5 und 57) habe ich bereit oben S. 64 gehandelt.

Welchen Dialekt schrieb Pindar?

Heutzutage, wo wir die alten Anschauungen über den Dialekt der einzelnen Autoren durch das Studium der Inschriften so wesentlich modificiert[1]) und durch kühne Hypothesen, wie die von Fick über den äolischen Homer, so von grund aus erschüttert sehen, wird man auch nicht von den Dialektformen Pindars handeln dürfen, ohne sich die Frage vorzulegen, welchen Dialekt der grosse Dichter schrieb, ob einen örtlichen (epichorischen) oder künstlichen.

Nach der Ansicht eines Teiles der alten Grammatiker schrieb Pindar einen aus dem Aeolischen und Dorischen gemischten Dialekt, den sie deshalb, weil er allen Griechen oder doch mehreren Stämmen derselben gemein war, κοινὴν διάλεκτον nannten.[1]) Diese Anschauung machte sich im wesentlichen G. Hermann zu eigen, der im Eingang seiner berühmten Abhandlung, De dialecto Pindari observationes, folgende Ausführung jenes Grundgedankens gibt: qui communem linguam Pindaro tribuerunt, hoc dixisse censendi sunt, dialectum, qua utitur, singulari quodam temperamento paene ex omnibus dialectis mixtam videri. est enim Pindari dialectus epica, sed colorem habens Doricae, interdum etiam Aeolicae linguae. aliis verbis, fundamentum huius dialecti est lingua epica, sed e Dorica dialecto tantum adscivit Pindarus, quantum et ad dictionis splendorem et ad numerorum commoditatem idoneum videretur, repudians illa, quae aut interioris essent aut vulgaris aut certis in locis usitati Dorismi. Hermann billigte also den Satz des Eustathios, dass der Dialekt Pindars aus dem Aeolischen und Dorischen gemischt sei, und fügte nur noch den homerischen Dialekt hinzu, indem er in diesem sogar den Grundton der pindarischen Sprache sah. In die Fussstapfen Hermanns trat Böckh in dem Kapitel De dialecto carminum Pindaricorum, t. I p. 288 ff.; nicht nur billigte er die Ansichten Hermanns im allgemeinen, sondern suchte auch im besonderen dessen Hypothese, dass die Färbung des pindarischen Dialektes sich nach der Tonart,

---

1) Gregorios Corinth. p. 12: κοινῇ δὲ ᾗ πάντες χρώμεθα καὶ ᾗ ἐχρήσατο Πίνδαρος, Eustathios, prooem. Pind. p. 21 ed. Tafel: αἰολίζει δὲ τὰ πολλὰ εἰ καὶ μὴ ἀκριβῆ δίεισιν Αἰολίδα, καὶ κατὰ Δωριεῖς δὲ φράζει, εἰ καὶ τῆς σκληροτέρας Δωρίδος ἀπέχεται .... καὶ μὴν εἰ καὶ δωρίζει, οὐχ ἥκιστα δὲ καὶ αἰολίζει, ὅμως οὐδὲ τῶν ἄλλων διαλέκτων ἀπέχεται λόγῳ κοινῆς.

dorischen oder äolischen, der einzelnen Gedichte richte, näher zu begründen und weiter auszuführen. Ahrens hat in seinem berühmten Buch De graecae linguae dialectis die Sprache Pindars bei dem dorischen Dialekt behandelt; er erkannte also nicht in dem äolischen oder gar dem homerischen Dialekt den Grundton der Sprache Pindars, sondern in dem dorischen. Darin folgte er dem Pausanias, der in der Periegese Griechenlands IX 22, 3 den Unterschied der Sprache Korinnas und ihres grossen Landsmannes Pindar in dem Satze zusammenfasst Κόριννα ᾖδεν οὐ τῇ φωνῇ τῇ Δωρίδι ὥσπερ ὁ Πίνδαρος, ἀλλ᾽ὁποίᾳ συνήσειν ἔμελλον Αἰολεῖς, und denjenigen alten Grammatikern, deren Ansicht Suidas oder dessen Gewährsmann Hesychios von Milet wiedergibt, indem er zu Pindar geradeso wie zu Alkman, Ibykos, Stesichoros, Simonides bemerkt ἔγραψε Δωρίδι διαλέκτῳ.[1])

Einen ganz anderen Weg schlug in unserer Zeit A. Führer, ein Schüler Fick's, in dem Aufsatz, Der böotische Dialekt Pindars, Philol. 44, 49—60 ein. Er wies nach, dass überall, wo man Dorismen in Pindar zu finden vermeinte, uns Formen vorliegen, welche den Doriern und den Böotiern gemeinsam waren, und kommt so zu dem Schluss, dass die alte Ansicht, Pindar habe einen gemischten oder dorischen Dialekt geschrieben, irrig sei, dass derselbe vielmehr, allerdings unter dem Einfluss der Sprache der epischen Poesie, des dichterischen Grundstockes für alle Poesie, in seinem heimatlichen Dialekt, dem böotischen, gedichtet habe. In der Hauptsache hat unzweifelhaft Führer den richtigen Weg gezeigt, aber es wird nicht schwer sein nachzuweisen, dass er, indem er die Sache auf die Spitze trieb, ebenso wie sein berühmter Lehrer Fick,

---

1) Aehnlich Ioannes Grammaticus bei Aldus Hort. Adon. p. 243 B: ἡ μέντοι Πινδάρου καὶ Ἰβύκου καὶ Σιμωνίδου καὶ Βακχυλίδου (sc. διάλεκτος) παντελῶς ἀνεῖται (scil. ἰδιότητος τοπικῆς) διὰ τὸ μὴ ἰσομερεῖς εἶναι τῇ φωνῇ τοὺς ποιητάς, χρῆσθαι δὲ μόνον τῇ διαλέξει.

eine Grundeigentümlichkeit der griechischen Poesie verkannte. Um das darzulegen, müssen wir weiter ausholen und die verschiedenen Bestandteile, die man in der Sprache Pindars gefunden hat, näher untersuchen.

Der pindarische Dialekt stimmt allerdings in mehreren Punkten mit dem homerischen überein, aber die meisten derselben sind solche, in denen die Aeolier und speziell die Böotier ganz ebenso sprachen wie Homer. Dahin gehören der Gebrauch des Digammas,[1] der Genetiv auf αo, der Dativ auf $\varepsilon\sigma\sigma\iota$, die Pronominaltormen $\check{\alpha}\mu\mu\varepsilon\varsigma\,\check{\alpha}\mu\mu\iota\nu,\,\check{\upsilon}\mu\mu\iota\nu\,\check{\upsilon}\mu\mu\varepsilon,\,\mu\iota\nu$, der Infinitiv auf $\varepsilon\mu\varepsilon\nu$, die Apokope der Präpositionen $\check{\alpha}\nu,\,\varkappa\acute{\alpha}\tau$, $\pi\acute{\alpha}\varrho$, der Gebrauch des Demonstrativums $\tau\acute{o}$ für das Relativum,[2] die Vorliebe für $\varkappa\acute{\varepsilon}\nu$ statt $\check{\alpha}\nu$. Ueber diese Linie ging Pindar ein wenig hinaus, indem er auch ohne an der Sprache seiner Landsleute einen Rückhalt zu haben, poetische Wörter, wie $\eta\dot{\nu}\gamma\varepsilon\nu\acute{\eta}\varsigma$, $\dot{\varepsilon}\nu\acute{\iota}\lambda\iota o\varsigma$, $\dot{\varepsilon}\pi\iota\gamma o\nu\nu\acute{\iota}\delta\iota o\varsigma$ aus Homer entlehnte, sich des Metrums wegen einigemal den Genetiv auf $o\iota o$ (häufiger $o\iota$'), den Dativ auf $\alpha\iota\sigma\iota$ und $o\iota\sigma\iota$, den Umlaut $\varepsilon\iota$ und $o\upsilon$ in $\xi\varepsilon\tilde{\iota}\nu o\varsigma$, $\nu o\tilde{\upsilon}\sigma o\varsigma$, $\mu o\tilde{\iota}\nu o\varsigma$, $\delta o\acute{\upsilon}\varrho\alpha\tau o\varsigma$, $\varkappa o\acute{\upsilon}\varrho\alpha$, erlaubte, und selbst durch die damals umlaufenden Texte der alten Epiker, Homer und Hesiod, verleitet die Unformen $\dot{\varepsilon}\varepsilon\iota\delta\acute{o}\mu\varepsilon\nu o\varsigma$ (N. X 15), $\vartheta\varepsilon\acute{o}\sigma\delta o\tau o\varsigma$ (P. V 13), $\dot{\varepsilon}\lambda\varepsilon\lambda\acute{\iota}\xi\alpha\varsigma$ (N. IX 19), $\check{\varepsilon}\sigma\pi\eta\tau\alpha\iota$ (O. VIII 11), $\check{\varepsilon}\sigma\pi o\iota\tau o$ (O. IX 53, P. X 17), $\dot{\varepsilon}\sigma\pi\acute{o}\mu\varepsilon\nu o\varsigma$ (I. V 63), $\dot{\varepsilon}\sigma\pi\acute{\varepsilon}\sigma\vartheta\alpha\iota$ (I. VI 17),[3] $\beta\alpha\vartheta\upsilon\mu\tilde{\eta}\tau\alpha$

---

1) Eine reine petitio principii ist die Behauptung Heimers. Stud. Pind. p. 4: Nam id credo pro certo statuere licere, Pindarum digammi usum magis ex epicae poesis imitatione quam ex dialectis suae aetatis assumpsisse; constat enim Pindarum sermone patriae prorsus abstinuisse.

2) Auf Inschriften Böotiens weist diesen Gebrauch Meister Gr. Dial. 1 275 nach; Pindar zieht auch ohne metrische Not $\tau\acute{o}$ dem Relativum $\ddot{o}$ vor O. VIII 31, P. I 80, N. III 65, I. VI 74.

3) Aus Homer sind jetzt diese Unformen entfernt; da aber auch Pindar P. IV 40 nach einem Vokal die vielleicht mit Apokope zu sprechende Form $\pi\lambda\acute{\alpha}\gamma\varepsilon\iota$ $\dot{o}\pi\lambda o\mu\acute{\varepsilon}\nu\alpha\nu$ gebraucht, so hat Herwerden, Stud.

(N. III 53),[1]) ἀναστάιη (P. IV 155), ἤύ (O. V 16) gebrauchte.
Das sind immerhin Freiheiten in der Entlehnung aus einem
fremden Dialekt, wie sie sich ein moderner Dichter nicht
erlauben dürfte, aber dieselben sind zu vereinzelt, als dass
sie der Sprache Pindars eine Klangfarbe zu geben vermöchten.
Daneben ist aber auch noch besonders zu beachten, was Pindar
nicht that: dass er nämlich ganz obsolet gewordene Formen
und Wörter aus Homer nicht herübernahm, keinen Kasus
auf φι, keine Patronymika auf ιαδης, kein εἴως, ἦμος, τῆμος,
ὅττι, ἴσος, ἰείκοσι. Er that dieses offenbar nicht, weil jene
Formen an der zeitgenössischen Sprache seiner Landsleute
gar keinen Rückhalt mehr hatten.

Aehnlich verhält es sich mit den Dorismen bei Pindar;
es finden sich allerdings bei ihm zahlreiche Formen und
Wörter, welche man aus dem Munde der Dorier hörte; aber
dieselben hörte man zugleich aus dem Munde der Aeolier
und speziell der Böotier. Es sind dieses aber gerade diejenigen, welche sehr häufig bei Pindar vorkommen und zumeist seiner Sprache das Gepräge geben. Dahin rechne ich
vor allem den Gebrauch des dorisch-äolischen ᾱ für das
ionische η, ferner den Genetiv auf ω, den Accusativ auf ως,
die Pronomina τέ, τίν, die 3. Pers. sing. der Verba in μι
auf ιι (statt σι), die den Doriern, Lokrern, Phokiern[2]) ge-

Pind. p. 17 die Kühnheit, auch aus Pindar alle jene Formen mit ἐστ.
durch Konjektur zu eliminieren. Nicht wegzukorrigieren wage ich in
derselben Ode P. IV 133 ἰαέστοντ', da auch Homer das sprachrichtige
ἰα.τόμωμ statt ἰοτόμωμ gesprochen haben wird.

1) Die richtige Form βαθύμητις ist an jener Stelle N. III 53
βαθυμητα Χείρων ausgeschlossen, während bei Homer ποικιλόμητιν
und δολόμητι statt des überlieferten ποικιλομήτην und δολομῆτα überall
zurückzugeben ist.

2) Dass somit Pindar manche Formen gebrauchte, die auch bei
den Delphiern vorkamen, liegt in dem Verwandtschaftsverhältnis des
delphischen Dialektes zu dem äolischen und dorischen. Die weiter
gehende Meinung von Ahrens de gr. ling. dial. II 410, dass Pindar

meinsame Form der 3. Pers. pl. auf οντι, die dorisch-äolischen Wortformen ὄνυμα, πεδά, ἐσλός. Auch der Gen. pl. der 1. Dekl. auf ᾶν gehört hieher. Die Böotier gebrauchten allerdings noch die alte Form auf αων (s. Meister Gr. Dial. I 271), aber daneben war schon in gangbaren Wörtern, wie in dem Artikel τᾶν, die kontrahierte Form auf ᾶν durchgedrungen, und da diese zugleich allein bei den Doriern und ebenso auch bei den achäischen Stämmen der Arkadier und Kyprier gebräuchlich war, so entschied sich Pindar lieber für diese als für die specifisch böotische Form. Hingegen vermied Pindar Formen, welche ausschliesslich nur die Dorier gebrauchten, so die 1. Person auf μες, das σδ für ζ, den Uebergang des λ in ν in ἦνθεν, βέντιον, φίντατος, die Partikel κα statt κε, die Verwandlung eines auslautenden s in r; selbst das hochdorische Ζανός vermied er und gebrauchte, wenn ihm Διός durch das Metrum ausgeschlossen war, lieber das homerische Ζηνός.

Auch gegenüber specifisch äolischen Formen zeigt Pindar eine gewisse, wenn auch weniger ausgesprochene Sprödigkeit: er zog den böotisch-dorischen Acc. plur. auf ως dem lesbisch-äolischen auf οις vor, verschmähte die äolische Psilosis und verdrängte nicht in gleichem Umfang wie Sappho und Alkaios die Ersatzdehnung durch Konsonantenverdoppelung. Insbesondere aber wollte er nicht wie Korinna als böotischer Bauerndichter gelten; speziell böotische Formen fanden an ihm keinen Gönner. Nicht bloss machte er nicht mit den Böotiern den Uebergang von ē in ει und οντι in ονθι mit,[1] er sagte auch lieber mit Homer ἑάν, ἕω, ἐγώ, τέσ-

sich speciell der Sprache der Delphier angeschlossen habe, hat schon Peter De dialecto Pindari p. 5 ff. genügend widerlegt.

1) Gegen die Annahme, dass diese und ähnliche Lautveränderungen bei den Böotiern erst nach Pindar durchgedrungen seien, sprechen die Fragmente der böotischen Dichterin Korinna, wenn nicht auch deren Text in jüngerer Umformung zu den Grammatikern, welche die Fragmente citieren, gekommen ist.

σαρες und selbst Ὀρχομενός als mit seinen Landsleuten ἰών, ἴω, ἰών, πέτταρες, Ἐρχομενός. Höchstens in dem Gebrauch für ἐν c. acc. für ἐς (s. S. 70) ging er etwas über die sonst eingehaltene Linie hinaus, wobei jedoch zu bemerken ist, dass ausser den Böotiern auch die Elier jenen Gebrauch von ἐν kannten; s. Meister Gr. Dial. II 67. Etwas mehr zeigte sich Pindar specifisch äolischen Formen geneigt; namentlich gebrauchte er häufig die durch Ersatzdehnung entstandenen Diphthonge οι und αι, so dass er lieber mit den lesbischen Aeoliern die Participia auf αις αισα οισα als mit den Böotiern und Doriern die auf ας ασα ωσα bilden wollte. Jedoch weiss man nicht, ob hier nicht das ältere Dorisch dem Aeolischen näher stund, da auch Alkman die Formen auf αισα οισα οισι gebrauchte.

Kehren wir nun zu unserer Frage zurück: in welchem Dialekt sprach oder vielmehr schrieb Pindar? Mit Pausanias werden wir jetzt zuversichtlich sagen können: Pindar unterschied sich von seiner Landsmännin Korinna darin, dass er nicht böotisch schrieb, dass er sich überhaupt keinem Lokaldialekt anschloss, sondern sich eine Kunstsprache, eine Schriftsprache würden wir sagen, bildete, die so wie er sie schrieb, in keinem Teile Griechenlands gesprochen wurde. Der Grundcharakter dieser Kunstsprache war äolisch-dorisch, aber nicht in dem Sinne, dass sie in buntem Durcheinander aus äolischen und dorischen Formen gemischt war, sondern in der Art, dass sie die dem äolischen und dorischen Dialekt gemeinsamen Formen enthielt. Sie war also, wie die Griechen, sagten, eine κοινή, nur nicht κοινὴ ἀπόντων τῶν Ἑλλήνων, sondern κοινὴ τῶν Αἰολέων καὶ Δωριέων. Wenn wir uns heutzutage in der Sprachforschung das Problem vorlegen, die Grundsprache, aus der die nichtionischen Dialekte hervorgegangen sind, wieder zu rekonstruieren, so hat diese Aufgabe Pindar bereits praktisch gelöst: wo er ein Wort mit langem ā schrieb, da dürfen wir sicher sein, dass das ā der

griechischen Grundsprache angehörte und den Aeoliern und
Doriern gemeinsam war.

Aber der pindarische Dialekt enthielt doch auch noch
etwas mehr als die dem Aeolischen und Dorischen gemeinsamen Elemente; er enthielt auch mehrere specifisch äolische
oder dorische oder homerisch-epische Bestandteile. Darin
sprach sich die historische Seite dieser poetischen κοινή aus.
Die ganze griechische Poesie war ausgegangen von Homer und
dem daktylischen Epos, die lyrische Poesie war zuerst in der
kleinasiatischen Aeolis aufgeblüht, ihr Same war von dort durch
Alkman und Arion nach den dorischen Staaten des europäischen
Festlandes und Sikiliens getragen worden; dort fand sie bereits
eine von kretischen und lokrischen Chormeistern, wie Thaletas
und Xenokritos, gepflegte Gattung dorischen Chorgesangs
vor. Was Wunder also, wenn die Sprache des grössten
Lyrikers, der im äolischen Böotien geboren war, vorzüglich
aber mit dorischen Staaten und Fürsten verkehrte, und der
wie alle Dichter der Griechen, an der homerischen Poesie
sich gross gezogen hatte, ausser den Sprachelementen, die
er im Leben kennen gelernt, auch solche seiner äolischen
und dorischen Vorgänger aufweist?

Bei einem solchen Kunstdialekt, den sich Pindar selbst,
wenn auch im engen Anschluss an seine Vorgänger in der
chorischen Lyrik geschaffen hatte, war es natürlich leichter
als bei einem epichorischen, wirklich gesprochenen Dialekt,
den Ausdruck und die Klangfarbe der Sprache je nach den
Umständen zu modificieren. Doch war Pindar ein zu über-
legter, wenn man will, verstandmässiger Dichter, als dass
man bei ihm grosse Inkonsequenzen erwarten dürfte. Nur
in einer Ode, in dem isthmischen Siegeslied auf den Thebaner
Herodot finden wir den äolischen Acc. plur. auf αις und οις
(I. 1 24 f.) gebraucht; das lässt uns voraussetzen, dass er
sich in den Oden auf äolische Sieger mehr der äolischen, in
solchen auf dorische mehr der dorischen Mundart wird ge-

nähert haben. Ebenso enthält von den zwei Oden auf den delphischen Wagensieg des Kyrenäers Arkesilaos, P. IV und V, die erste in dorischen Daktylo-Epitriten gedichtete viele epische Wörter und Sprachformen, aber in ihren 533 Versen keine specifische Aeolismen, die zweite hingegen, die in freien äolischen Massen komponiert ist, keine speciell homerischen Formen, wohl aber das specifisch äolische πεδά und ἐν c. acc. Das wird schwerlich dem Zufall und den Wechselfällen der Ueberlieferung zuzuschreiben sein; vielmehr wird in der ersteren das Vorwiegen des daktylischen Versmasses eine grössere Annäherung an die Sprache der Epiker bewirkt, in der zweiten das äolische Versmass und die äolische Tonart den Gebrauch äolischer Formen begünstigt haben. Indes gross waren diese Modifikationen gewiss nicht, und Hermann und Böckh haben, wie wir schon öfters nachzuweisen Gelegenheit hatten, dem Unterschied der Tonart einen viel zu grossen Einfluss auf die Färbung der Sprache zugeschrieben.

Die Sprache Pindars kann aber nicht abschliessend besprochen werden ohne Berücksichtigung der Schrift, mittels der dieselbe niedergeschrieben wurde. Der universelle Charakter der äolisch-dorischen κοινή Pindars kam nämlich noch mehr durch die Eigentümlichkeit der alten Schrift, der sich unser Dichter bediente, zum Ausdruck. Denn indem in derselben die Verdoppelung der Konsonanten nicht ausgedrückt und dasselbe Zeichen für den langen und kurzen Vokal verwendet wurde, vermischten sich in der Schrift noch mehr die Unterschiede des äolischen und dorischen Dialektes. Pindars *ΑΜΕΣ* konnte dorisches ἁμές und äolisches ἄμμες bezeichnen, *ΞΕΝΟΣ* sowohl ξένος als ξέννος und ξεῖνος, *ΦΕΡΕΝ* sowohl φέρειν als φέρην, *ΛΟΓΟΣ* sowohl λόγους als λόγως. Somit war die Möglichkeit gegeben, dasselbe Zeichen äolisch, dorisch und selbst attisch zu lesen. Gewiss hat Pindar nicht aus blosser Anhänglichkeit an das Alte oder in gedankenloser Nachahmung die alte Schrift beibe-

halten, während sein Rivale Simonides sich der neuen ion-
ischen Schriftweise zu bedienen begann; vielmehr hielt er
mit bewusster Absichtlichkeit an der alten Schrift fest, weil
dieselbe besser zu seinen universellen Ideen, zum Plane einer
gemeinsamen poetischen Schriftsprache (κοινή) stimmte. Bei
Pindar ist alles gross angelegt; das zeigt sich nach dem Ge-
sagten auch in seiner Sprache und in der von ihm gebrauchten
Schrift.

Herr von Christ legte eine Abhandlung des Herrn
Traube vor:

„O Roma nobilis: Untersuchungen über lateinische Dichtungen des Mittelalters.“

Dieselbe wird in den „Abhandlungen“ veröffentlicht
werden.